즉석활용!
지름길 여행중국어

편집부 編

정진출판사

오늘날은 정보화, 세계화 시대라고 일컬어질 만큼 인터넷과 정보통신기술의 발달로 지구촌이 바로 하나의 이웃인 세상이 되었다. 특히 지리적으로 가까운 중국은 관광뿐 아니라 사업과 연수·문화교류 등으로 우리나라 여행자가 많이 찾는 나라이다.

해외여행을 보다 유익하고 알뜰하게 하려면 먼저 뚜렷한 여행목적을 세워 이에 따른 여행시기와 기간, 비용 등을 고려한 후, 다음에는 여행시 가장 필요한 회화를 어느 정도 마스터하는 것이 순서일 것이다.

이 책은 중국여행을 떠나기 전 짧은 시간 안에 생활중국어를 익힐 수 있도록 만든 기초 회화집으로, 여행 중 발생할 수 있는 여러 상황에 대비하여 그때그때 필요한 회화와 단어를 우리말 발음과 함께 정선·수록함으로써 즉석에서 활용할 수 있도록 하였다.

또한 여행 중 긴 문장이 얼른 생각나지 않을 때 필요한 단어만이라도 상대방에게 전달해 의사소통이 가능하도록 각 상황에 맞는 기본어휘를 정리해 놓았다. 두서너 번 반복하는 데도 상대방이 잘 알아듣지 못할 때는 말하고 싶은 우리말에 해당하는 중국어를 이 기본어휘에서 찾아 손가락으로 짚어 보이면 웬만큼은 의사전달이 가능할 것이다.

이 책 한 권만 간편하게 들고 중국여행을 떠난다면 즐겁고 유쾌한 여행길이 되리라 확신한다.

엮은이

제1부 해외여행 회화

제2부 일상생활 회화

Part V 일상의 기본 표현 —————————233

부록 여행 노트/255

● 주 중국 한국 대사관(中国 北京市 朝阳区 三里屯 东4街 3号)
　주간 : (86-10)6532-0290　　야간 당직용 : (86-10)6532-0290
　긴급민원 · 사건 사고 : (86)1360-103-0178

● 주 베이징(北京) 대사관영사부
　주간 : (86-10)6532-6774~5
　긴급민원 · 사건 사고 : (86)1360-111-7474

● 주 션양(沈阳) 총영사관
　주간 : (86-24)2385-7820, 7651
　야간 당직용 : (86)138-0400-6338

● 주 상하이(上海) 총영사관
　주간 : (86-21)6219-6417~20
　긴급민원 · 사건 사고 : (86)1381-758-0320

● 주 칭다오(青岛) 총영사관
　주간 : (86-532)897-6001~6002
　긴급민원 · 사건 사고 : (86)1360-898-9617

● 주 광저우(广州) 총영사관
　주간 : (86-20)3887-0555　　일반문의 : (86)139-2518-5387
　여권관련 : (86)138-2219-4100
　긴급민원 · 사건 사고 : (86)138-2626-8145

● 주 홍콩(香港) 총영사관
　주간 : (852)2529-4141
　긴급민원 · 사건 사고 : (852)9469-8355

제 1 부

해 외 여 행 회 화

＊일러두기＊

❶ 중국어 발음의 한글 표기는 단어의 위치, 해당 단어나 문장에서의 쓰임에 따라 다르게 표기될 수 있습니다.

❷ 중국의 화폐단위 ‘元’의 표기는 본문 회화에서는 실제 발음에 가깝도록 ‘위엔’으로 표기하였고 기타 설명에서는 〈한글 외래어 표기규정〉에 따라 ‘위안’으로 표기하였습니다.

Part I 도착지의 공항에서 호텔까지

(1)
칭 게이 워 이뻬이 량쉐이
请 给 我 一杯 凉水。
냉수 한 잔 주세요.

(2)
요우 한원 빠오칸 마
有 韩文 报刊 吗?
한국 신문 있습니까?

(3)
칭 까오수 워   쩌 짱 루징카 쩐머 티엔시에
请 告诉 我, 这 张 入境卡 怎么 填写。
이 입국카드를 어떻게 쓰는지 알려 주세요.

(4)
워 스 라이 꾸안꽝더
我 是 来 观光 的。
저는 관광하러 왔습니다.

(5)
워 위딩 쭈 스티엔
我 预定 住 四天。
저는 4일간 머물 예정입니다.

6
짜이 날   취 씽리
在 哪儿 取 行李?
어디에서 짐을 찾습니까?

7
쩌 스 워더 빠오
这 是 我的 包。
이것은 제 가방입니다.

8
워 메이요우 야오 션빠오더 똥시
我 没有 要 申报的 东西。
저는 신고할 물건이 없습니다.

9
워 야오 뛔이환 한삐
我 要 兑换 韩币。
저는 한국 돈을 환전하려고 합니다.

10
칭   환이샤 치엔
请 换一下 钱。
환전해 주세요.

11
워 취 베이찡 판디엔
我 去 北京饭店。
베이징 호텔로 가 주세요.

●기본 표현

워더 쭈오웨이 짜이 날
Ⓐ 我的 座位 在 哪儿?

저의 자리는 어디입니까?

닌더 쭈오웨이 짜이 날
Ⓑ 您的 座位 在 那儿。

선생님의 자리는 저기입니다.

출국할 때 탑승권을 발급받은 후 보안 검사를 거쳐 세관 신고를 합니다. 세관 신고를 마치면 탑승권, 여권, 출입국 신고서를 가지고 출국심사를 받으면 됩니다.

기내에는 신문, 잡지 등을 준비해 두고 있으며 항공사를 소개하는 잡지를 무료로 제공하는 곳도 있습니다.

기본 어휘

◪ 담배피우다	吸烟	씨엔
◪ 냉수	凉水	량쉐이
◪ 한국 신문	韩文 报刊	한원 빠오칸
◪ 입국카드	入境卡	루징카

유용한 표현

쩌거 미엔페이더 마?
这个 免费的 吗?

이것은 무료인가요?

칭 게이 워 이뻬이 량쉐이
请 给 我 一杯 凉水。

냉수 한 잔 주세요.

요우 한원 빠오칸 마
有 韩文 报刊 吗?

한국 신문 있습니까?

칭 까오수 워   쩌 짱 루징카 쩐머 티엔시에
请 告诉 我, 这 张 入境卡 怎么 填写。

이 입국카드를 어떻게 쓰는지 알려 주세요.

요우메이요우 한궈런 콩종샤오지에
有没有 韩国人 空中小姐?

한국인 스튜어디스는 없습니까?

스튜어디스	空中小姐	콩종샤오제
여객기	客机	커지
콜라	可乐	컬러
면세품	免税品	미엔쉐이핀

2. 입국심사

니 따오 쯍궈 라이더 무디 스 션머
Ⓐ **你 到 中国 来的 目的 是 什么?**

중국에 오신 목적은 무엇입니까?

워 스 라이 꾸안꽝더
Ⓑ **我 是 来 观光的。**

저는 관광하러 왔습니다.

비행기가 공항에 도착하기 전에 승무원들이 입국카드를 나누어줍니다. 입국카드에는 이름·생년월일·국적 등을 쓰고 세관 신고서에는 자기가 지니고 있는 귀중품을 기록합니다.

공항에 도착하면 Arrival(도착)이라는 표지판이 보이는데 그것을 따라가면 입국 심사대가 나옵니다. 그 곳에서 여권과 미리 기재한 입국 신고서를 제시하여 심사를 마칩니다.

기본어휘

입국심사관	检查员	지엔차위엔
여권	护照	후자오
물건	东西	똥시
관광	观光	꾸안꽝

● 유용한 표현

쩌 스 워더 후쟈오 허 루징카
● 这 是 我的 护照 和 入境卡。

이것은 저의 여권과 입국카드입니다.

니 짜이 쭝궈 또우리우 지티엔
● 你 在 中国 逗留 几天?

당신은 중국에 얼마나 머물건가요?

워 위딩 쭈 스티엔
● 我 预定 住 四天。

저는 4일간 머물 예정입니다.

쩌 또우스 워 꺼런 용더
● 这 都是 我 个人 用的。

이것은 모두 저의 개인 용품입니다.

워 따이러 우바이 메이위엔
● 我 带了 五百 美元。

저는 500달러를 소지하고 있습니다.

◪ 여행	旅游	뤼요우
◪ 한국(인)	韩国(人)	한궈(런)
◪ 중국(인)	中国(人)	쭝궈(런)
◪ 개인용품	个人用品	꺼런용핀

●기본 표현

짜이 날 취 씽리
Ⓐ 在 哪儿 取 行李?

어디에서 짐을 찾습니까?

호우미엔 요우 취 씽리더 띠팡
Ⓑ 后面 有 取 行李的 地方。

뒤쪽에 짐 찾는 곳이 있습니다.

수하물을 찾을 때 공항이 큰 곳은 몇 개의 컨베이어가 일시에 회전하고 있습니다. 자신이 타고 온 항공편이 전광판에 표시되어 있는 컨베이어에서 짐을 찾으면 됩니다.

기 본 어 휘

◪ 짐 수취대	行李收取台	씽리 쇼우취타이
◪ 짐	行李	씽리
◪ 찾다	取	취
◪ 대한[아시아나]항공	大韩[韩亚]航空	따한[한야]항콩

● 유용한 표현

워더　씽리 부지엔 러
● 我的 行李 不见 了。

저의 짐이 보이지 않습니다.

칭　닌 차이샤　워더　씽리
● 请 您 查一下 我的 行李。

제 짐을 찾아주세요.

쩌　스 워 씽리더 춘티야오
● 这 是 我 行李的 存条。

이것은 저의 수하물 인환증입니다.

워　스 쭈오 따한항콩[한야항콩]　빤지 따오더
● 我 是 坐 大韩航空[韩亚航空] 班机 到的。

저는 대한항공[아시아나항공]을 타고 왔습니다.

쩌　스 워더 빠오
● 这 是 我的 包。

이것은 제 가방입니다.

◪ 탁송화물	托运行李	투오윈 씽리
◪ 가방	包	빠오
◪ 수하물 인환증	存条	춘탸오
◪ 카트	行李车	씽리처

●기본 표현

니 요우메이요우 야오 션빠오더 똥시
Ⓐ **你 有没有 要 申报的 东西?**

신고할 물건 있습니까?

워 메이요우 야오 션빠오더 똥시
Ⓑ **我 没有 要 申报的 东西。**

저는 신고할 물건이 없습니다.

 수하물 찾는 곳에서 짐을 찾으면 통관대에서 가방이 잘 보이도록 열어 놓고 미리 준비한 세관 신고서를 제출하여 통관을 합니다.

면세 품목으로는 술 2병, 담배 400개피(2보루), 향수 1파인트, 스틸필름 72롤 등입니다.

기 본 어 휘

◢ 세관	海关	하이꾸안
◢ 담배	香烟	샹옌
◢ 신고하다	申报	션빠오
◢ 여행 가방	旅行箱	뤼싱샹

● 유용한 표현

칭　바　닌더　뤼싱샤앙　다카이　이샤
● 请 把 您的 旅行箱 打开 一下。

당신의 여행 가방을 열어 주세요.

워　요우　량핑　웨이스지
● 我 有 两瓶 威士忌。

저는 위스키 두 병을 가지고 있습니다.

쩌　스　게이　펑요우더　리우
● 这 是 给 朋友的 礼物。

이것은 친구에게 줄 선물입니다.

쩌　지야　쟈오샹지　스　워　쯔지　용더
● 这 架 照相机 是 我 自己 用的。

이 카메라는 제가 쓰는 겁니다.

쩌거　예　야오　션빠오　마
● 这个 也 要 申报 吗?

이것도 신고해야 하는 겁니까?

◼ 위스키　　　　威士忌　　　　웨이스지

◼ 선물　　　　　礼物　　　　　리우

◼ 카메라　　　　照相机　　　　쟈오샹지

◼ 디지털 카메라　数码相机　　　슈마샹지

5. 환전

워 야오 뛔이환 한삐
(A) 我 要 兑换 韩币。

저는 한국 돈을 환전하려고 합니다.

닌 야오 뛔이환 뚜오샤오
(B) 您 要 兑换 多少?

얼마를 환전하실 건가요?

소지하고 있는 돈이 여행자 수표나 고액권의 지폐만 있다면 100위안, 50위안, 10위안 등의 잔돈으로 적당히 바꾸어 둡니다. 공항 내에는 대개 은행이나 환전소가 있습니다.

기 본 어 휘

◢ 환전하다	换钱	환치엔
◢ 한국 돈	韩币	한삐
◢ 인민폐	人民币	런민삐
◢ 달러	美元	메이위엔

● 유용한 표현

환치엔쑤오 짜이 날
○ **换钱所 在 哪儿?**

환전소는 어디에 있습니까?

워 야오 뒈이환 메이위엔
○ **我 要 兑换 美元。**

저는 달러를 환전하려고 합니다.

칭 환이샤 치엔
○ **请 换一下 钱。**

환전해 주세요.

칭 게이 워 꺼종 잉삐
○ **请 给 我 各种 硬币。**

여러 종류의 동전을 주세요.

칭 환청 즈삐 바
○ **请 换成 纸币 吧。**

지폐로 바꿔 주세요.

◪ 잔돈	零钱	링치엔
◪ 동전	硬币	잉삐
◪ 지폐	纸币	즈삐
◪ 여행자수표	旅行支票	뤼싱 즈퍄오

● 기본 표현

닌 취 날
Ⓐ **您 去 哪儿?**

어디로 가십니까?

워 취 베이찡 판디엔
Ⓑ **我 去 北京饭店。**

베이징 호텔로 가 주세요.

공항에서 호텔까지의 이동은 마중 나온 사람이 있으면 문제가 없겠으나 그렇지 않으면 공항 버스나 택시를 이용하면 됩니다. 공항 버스는 로비에서 노선을 확인한 후 표를 구입하고 탑니다.

기본어휘

◪ 안내소	问讯处	원쉰추
◪ 시내	市内	스네이
◪ 버스	公共汽车	꽁꽁치처
◪ 리무진 버스	机场班车	찌창빤처

● 유용한 표현

원쉰추　짜이 날
○ **问讯处 在 哪儿。**

안내소는 어디에 있습니까?

찌창빤처　짜이 날　팅처
○ **机场班车 在 哪儿 停车?**

리무진 버스(공항 버스)는 어디에서 섭니까?

추주치처짠　짜이 날
○ **出租汽车站 在 哪儿?**

택시 승차장은 어디에 있습니까?

칭 취 쩌거 띠팡
○ **请 去 这个 地方。**

(손으로 가리키면서)여기로 가 주세요.

뚜오샤오치엔
○ **多少钱?**

요금이 얼마인가요?

◪ 택시	出租汽车	추주치처
◪ 북경	北京	베이징
◪ 호텔	饭店	판디엔
◪ 택시 승차장	出租汽车站	추주치처짠

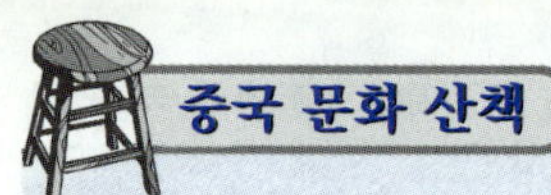

중국은 어떤 나라인가?

1. 위치와 면적

아시아 대륙 동부에 위치한 중국(中国)은 북한 · 러시아 · 몽골 · 베트남 등 15개 국가와 국경을 접하고있다. 면적은 약 960만㎢(한반도의 약 44배, 남한의 약 100배)로 러시아, 캐나다에 이어 세계 3번째의 광활한 국토를 소유하고 있다.

2. 지형과 기후

중국의 지형은 서고동저의 지형으로 황하, 장강 등 대부분의 강은 지세에 따라 서에서 동으로 흐른다. 땅이 넓은 만큼 지형도 다양하여 평원, 구릉, 고원, 사막 등이 골고루 갖추어져 있다.

기후는 남북으로 한대와 열대 기후에 걸쳐 있으며 동서로는 해양성 기후부터 내륙성 기후까지 나타난다.

3. 민족 구성

다민족 국가인 중국의 인구는 13억 이상이라고 보고되고 있다. 이중 94%정도가 한족(汉族)이고 나머지 6%를 조선족 · 장족 · 회족 · 묘족 등 소수민족이 차지하고 있다.

4. 언어와 문자

다민족 국가 중국의 언어는 한어(汉语)라고 하는데 우리가 중국어라고 부르는 언어가 바로 이 한어이다. 한어는 한족들의 언어라는 의미이다. 한어의 표준어는 보통화(普通话)라고 한다.

Part II　호텔에서

니 하오　워 쟈오 리밍　　워 샹　　떵지쭈쑤
① 你好，我 叫 李明。我 想 登记住宿。
안녕하세요. 저는 리밍입니다. 체크인하려고 합니다.

쩔　요우메이요우 팡지엔
② 这儿 有没有 房间?
여기에 빈 방이 있습니까?

워　샹 쭈 량티엔
③ 我 想 住 两天。
2박을 하려고 합니다.

팡페이 야오 뚜오샤오치엔
④ 房费 要 多少钱?
객실 요금이 얼마입니까?

요우 껑 피엔이더 팡지엔 마
⑤ 有 更 便宜的 房间 吗?
더 싼 방이 있나요?

6

커이　다저코우　마
可以 打折扣 吗?

할인이 가능한가요?

7

자오샹 치디엔 칭 다띠엔화　쟈오씽 워
早上 七点 请 打电话 叫醒 我。

오전 7시에 모닝콜을 부탁합니다.

8

요우 훼이 쟝 한궈화더　런 마
有 会 讲 韩国话的 人 吗?

한국어를 할 줄 아는 사람이 있습니까?

9

칭　찐
请 进!

들어오세요.

10

워　샹　찌팡 이샤　꿰이쫑우핀
我 想 寄放 一下 贵重物品。

저는 귀중품을 맡기고 싶습니다.

11

워　샹 퉤이팡 뚜오샤오치엔
我 想 退房,　多少钱?

체크아웃하려고 합니다. 얼마지요?

●기본 표현

베이징판디엔　니 하오

Ⓐ 北京饭店, 你 好!

베이징 호텔입니다. 안녕하세요!

워 샹 샤거 씽치우 위딩 이거 팡지엔

Ⓑ 我 想 下个 星期五 预定 一个 房间。

제가 다음 주 금요일에 방을 하나 예약하려고 합니다.

호텔을 예약하지 않았을 경우 숙소를 정하느라 일정에 차질이 생길 수 있으니 미리 예약을 하는 것이 좋습니다. 출국 전에 호텔 예약을 하지 않았다면 도착한 공항 로비에서 전화로 예약을 하거나 공항에 나와 있는 호텔 홍보 직원에게 문의해도 됩니다.

기본어휘

호텔	饭店	판디엔
예약(하다)	预订	위딩
머물다	住	쭈
스위트룸	套间/豪华间	타오지엔/ 하오화지엔

● 유용한 표현

니　다쑤안　쭈　지티엔
◉ 你 打算 住 几天?

머칠 머무르실 건가요?

워　샹　쭈　량티엔
◉ 我 想 住 两天。

2박을 하려고 합니다.

니 야오　쩐양더　팡지엔
◉ 你 要 怎样的 房间?

당신은 어떤 방을 원하십니까?

워 야오 슈앙런팡
◉ 我 要 双人房。

저는 2인실(표준실)을 원합니다.

뛰이부치　팡지엔　이징　커만　러
◉ 对不起, 房间 已经 客满 了。

죄송합니다. 객실이 이미 다 찼습니다.

◤ 2인실	标准间	뱌오준지엔
◤ 1인실	单人房	딴런팡
◤ 방	房间	팡지엔
◤ 프런트	前台	치엔타이

●기본 표현

니 하오　워 쟈오 리밍　워 상　떵지쭈쑤
Ⓐ 你 好, 我 叫 李明。 我 想 登记住宿。

안녕하세요. 저는 리밍입니다. 체크인하려고 합니다.

칭　덩이샤　니 위딩 러 딴런팡 량티엔
Ⓑ 请 等一下。 你 预订 了 单人房 两天。

잠시만 기다리세요. 1인실을 이틀 예약하셨군요.

중국어로 호텔을 가리키는 명칭은 여러 가지가 있는데 보통 '판디엔(饭店)', '삔관(宾馆)'이라는 말을 가장 많이 씁니다. 중국의 호텔은 별의 개수(1~5개)에 따라 등급이 구분됩니다.

호텔에 도착하여 프런트에서 소정 양식에 성명, 주소 등을 기재하는 것을 '떵지쭈쑤(登记住宿)'라고 합니다.

기본 어휘

◢ 체크인	登记住宿	떵지쭈쑤
◢ 로비	客堂	커탕
◢ 열쇠	钥匙	야오스
◢ 서식	表格	뱌오거

●유용한 표현

니 위딩 러 팡지엔 마
○ **你 预订 了 房间 吗?**

당신은 예약하셨습니까?

워 위딩 러 량티엔
○ **我 预订 了 两天。**

저는 이틀 예약했습니다.

칭 니 티엔 이샤 쩌 뱌오거
○ **请 你 填 一下 这 表格。**

이 서식을 작성해 주십시오.

쩌리 요우 팡지엔 야오스
○ **这里 有 房间 钥匙。**

여기 객실 열쇠가 있습니다.

뒈이부치   워 쟈오부따오 니더 위딩 지루
○ **对不起, 我 找不到 你的 预订 记录。**

죄송합니다. 당신의 예약 기록을 찾을 수 없습니다.

◪ 기다리세요	等一下	덩이샤
◪ 미안합니다	对不起	뒈이부치
◪ 기록	记录	찌루
◪ 방이 다 참	客满	커만

3. 객실을 정하다

쩔 요우메이요우 팡지엔
Ⓐ 这儿 有没有 房间?

여기에 방 있습니까?

니 야오 딴런팡 하이스 슈앙런팡
Ⓑ 你 要 单人房 还是 双人房?

당신은 1인실을 원하십니까 아니면 2인실을 원하십니까?

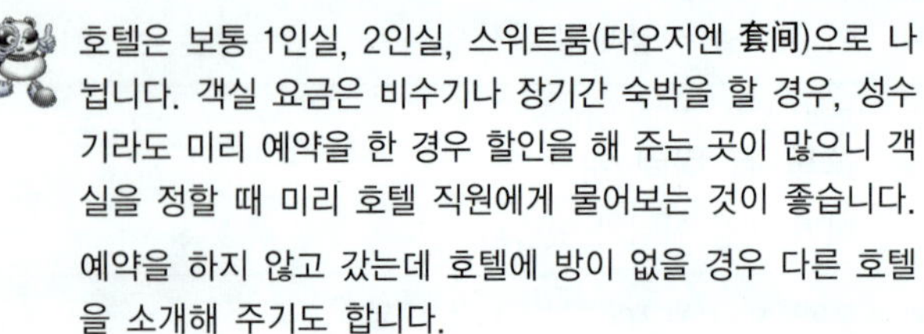

호텔은 보통 1인실, 2인실, 스위트룸(타오지엔 套间)으로 나뉩니다. 객실 요금은 비수기나 장기간 숙박을 할 경우, 성수기라도 미리 예약을 한 경우 할인을 해 주는 곳이 많으니 객실을 정할 때 미리 호텔 직원에게 물어보는 것이 좋습니다.

예약을 하지 않고 갔는데 호텔에 방이 없을 경우 다른 호텔을 소개해 주기도 합니다.

기 본 어 휘

◨ 체크인하다	登记	떵지
◨ 2인실	双人间	슈앙런지엔
◨ 빈 방	空房	콩팡
◨ 객실 요금	房费	팡페이

● 유용한 표현

요우 껑 피엔이더 팡지엔 마
○ 有 更 便宜的 房间 吗?

더 싼 방이 있나요?

시엔짜이 메이요우 콩더 팡지엔
○ 现在 没有 空的 房间。

지금은 빈 방이 없습니다.

빠오쿠오 자오찬더 마
○ 包括 早餐的 吗?

아침식사 포함인가요?

팡페이 야오 뚜오샤오치엔
○ 房费 要 多少钱?

객실 요금이 얼마입니까?

커이   다저코우   마
○ 可以 打折扣 吗?

할인이 가능한가요?

◪ 할인하다	打折扣	다저코우
◪ 좀더 싼	更便宜的	껑 피엔이더
◪ 몇 성급	几星级	지씽지
◪ 보증금	押金	야찐

●기본 표현

워 커이 리용 커팡푸우 마
Ⓐ **我 可以 利用 客房服务 吗?**

제가 룸 서비스를 이용할 수 있습니까?

스더 니 쉬야오 션머
Ⓑ **是的, 你 需要 什么?**

그렇습니다. 무엇이 필요하십니까?

호텔방의 정돈, 세탁, 모닝콜, 식사, 음료수 등을 부탁할 때는 룸 서비스를 부르면 됩니다. 룸 서비스는 객실 전화기 옆에 비치되어 있는 구내 전화 번호 목록을 보고 연락하거나 전화 교환을 통해 부를 수 있습니다.

호텔에서 전화를 할 때 구내는 방 번호나 장소 번호를 돌려서 통화할 수 있게 되어 있습니다. 자동식이 아닌 경우 교환을 통해 연결하면 됩니다.

기 본 어 휘

◪ ~호 객실	~号房	~하오팡
◪ 세탁 서비스	洗衣服务	씨이 푸우
◪ 아침식사	早餐	자오찬
◪ 무료	免费	미엔페이

유용한 표현

쩌리　스 우링쓰하오 팡　　칭 니 송 량핑 피지우 라이
这里 是 504号 房。　请 你 送 两瓶 啤酒 来。

여기는 504호입니다. 맥주 두 병 가져다 주세요.

워 샹 씨이샤 워더 천샨
我 想 洗一下 我的 衬杉。

저는 셔츠를 세탁하고 싶습니다.

쟈오상 치디엔 칭 다띠엔화 쟈오씽 워
早上 七点 请 打电话 叫醒 我。

오전 7시에 모닝콜을 부탁합니다.

찬팅 짜이 날
餐厅 在 哪儿?

식당이 어디 있습니까?

요우 훼이 쟝 한궈화더 런 마
有 会 讲 韩国话的 人 吗?

한국어를 할 줄 아는 사람이 있습니까?

◪ 모닝콜 서비스	叫醒服务	쟈오씽 푸우
◪ 커피숍	咖啡厅	카페이팅
◪ 식당	餐厅	찬팅
◪ 한국어	韩国话	한궈화

●기본 표현

칭　바 팡지엔 다　깐징
Ⓐ **请 把 房间 打 干净。**

방을 청소해 주세요.

하오더　워먼　마샹 라이
Ⓑ **好的，我们 马上 来。**

예, 곧 가겠습니다.

팁을 중국어로는 '샤오페이(小费)'라고 하는데 일반적으로 월급을 받고 일하는 중국 호텔의 직원들은 규정상 팁을 받을 수 없습니다. 이는 팁이 주요 수입원인 다른 나라 호텔 직원들과 달리 중국 호텔 직원들의 월급에는 팁에 해당하는 금액이 포함되어 있기 때문입니다.

기본어휘

◪ 종업원	服务员	푸우위엔
◪ 식사 배달 서비스	送餐服务	쏭찬푸우
◪ 끓인 물	开水	카이쉐이
◪ 냉수	凉水	량쉐이

유용한 표현

요우 쏭찬 푸우　마
○ **有 送餐服务 吗?**

식사 배달 서비스가 있습니까?

칭　찐
○ **请 进!**

들어오세요.

칭　나 카이쉐이 라이
○ **请 拿 开水 来。**

끓인 식수를 가져다 주세요.

칭　나 삥콰이 허　량쉐이
○ **请 拿 冰块 和 凉水。**

얼음과 냉수를 가져다 주세요.

워 시엔짜이 커이 디엔 자오찬 마
○ **我 现在 可以 点 早餐 吗?**

제가 지금 아침식사를 주문해도 됩니까?

◪ 텔레비전	电视	띠엔스
◪ 냉장고	电冰箱	띠엔삥샹
◪ 헤어드라이어	吹风机	췌이펑지
◪ 난방기, 스팀	暖气	놘치

●기본 표현

웨이 쩌리 스 치링싼하오 팡 팡지엔더 콩티아오 하오샹 뿌 관용 러

Ⓐ 喂, 这里是703号房。 房间的空调好象不管用了。

여보세요. 여기는 703호입니다. 방의 에어컨이 고장 난 것 같습니다.

뛔이부치 워먼 마샹 라이 시우리

Ⓑ 对不起。 我们 马上 来 修理。

죄송합니다. 저희가 곧 가서 수리하겠습니다.

 호텔에서 발생하는 문제는 열쇠를 잃어버리거나 화장실, TV, 전화 등의 고장을 들 수가 있습니다. 이럴 때에는 객실 담당이나 전화 교환에게 문의합니다.

기본어휘

◪ 효과있다	管用	관용
◪ 수리(하다)	修理	시우리
◪ 더운물	热水	러쉐이
◪ 목욕수건	浴巾	위찐

● 유용한 표현

러쉐이 뿌추라이 너
○ **热水 不出来 呢。**

더운물이 나오지 않습니다.

팡지엔더 위지엔 부꼬우
○ **房间的 浴巾 不够。**

방의 목욕수건이 모자릅니다.

마통더 쉐이 총부샤취
○ **马桶的 水 冲不下去。**

변기의 물이 내려가지 않습니다.

워 야오 환거 팡지엔
○ **我 要 换个 房间。**

저는 방을 바꾸고 싶습니다.

워 바 야오스 왕 짜이 팡지엔 리
○ **我 把 钥匙 忘 在 房间 里。**

방에 열쇠를 두고 나왔습니다.

◪ 변기	马桶	마통
◪ 엘리베이터	电梯	띠엔티
◪ 비누	肥皂	페이자오
◪ 화장지	卫生纸	웨이셩즈

●기본 표현

니먼　쩔　넝　바오관　똥시　마
Ⓐ **你们 这儿 能 保管 东西 吗?**

여기에서 물건을 보관해 줍니까?

스더　　닌 야오 춘팡 션머　똥시
Ⓑ **是的, 您 要 存放 什么 东西?**

그렇습니다, 어떤 물건을 맡기시려구요?

 귀중품이나 많은 액수의 돈은 호텔의 물품 보관소에 맡기는 것이 좋습니다. 호텔에 따라서 귀중품이나 짐을 맡길 때 보관료를 받는 곳도 있습니다.

기본어휘

◪ 짐	行李	씽리
◪ 보관소	保管处	바오관추
◪ 보관비	保管费	바오관페이
◪ 귀중품	贵重物品	꿰이쯩 우핀

● 유용한 표현

씽리　바오관추 짜이 날
● 行李 保管处 在 哪儿?

물건 보관소가 어디 있습니까?

워 샹　찌팡 이샤　꿰이쭝우핀
● 我 想 寄放 一下 贵重物品。

저는 귀중품을 맡기고 싶습니다.

워 야오 지춘 쩌거 빠오
● 我 要 寄存 这个 包。

이 가방을 맡기려고 합니다.

이거빠오　찌춘 이티엔 뚜오샤오치엔
● 一个包, 寄存 一天 多少钱?

가방 하나를 하루 맡기는 데 얼마입니까?

워 야오 취 워더　씽리
● 我 要 取 我的 行李。

제 짐을 찾으려고 합니다.

◪ 가방　　　　　包　　　　　　　빠오
◪ 짐을 맡기다　寄存　　　　　　찌춘
◪ 맡겨 보관하다　存放　　　　　춘팡
◪ 짐을 찾다　　取行李　　　　　취씽리

8. 체크아웃

워 야오 퉤이팡 칭 지에짱 바
Ⓐ 我 要 退房, 请 结帐 吧。

체크아웃하려고 합니다. 결산해 주세요.

칭원   니더   밍즈   허 팡지엔 하오마 너
Ⓑ 请问, 你的 名字 和 房间 号码 呢?

당신의 성함과 방 번호가 어떻게 되십니까?

체크아웃을 중국어로는 '퉤이팡(退房)'이라고 합니다. 보통 체크아웃 시간은 오전 11시~12시 경인데, 이 시각 이후에는 추가 비용을 부담시키거나 하루 숙박비 전액을 추가시킬 수 있으므로 미리 체크아웃 시간을 확인하는 것이 좋습니다.

중국의 호텔은 체크인 시에 보증금을 받는데 이는 각종 서비스 이용료 등으로 사용되며 체크아웃 시에 각종 비용을 계산한 뒤 차감하여 돌려줍니다.

기본어휘

체크아웃	退房	퉤이팡
계산서	帐单	짱딴
결산하다	结帐	지에짱
떠나다	离开	리카이

● 유용한 표현

워   커이 용   씬용카 지에짱 마
○ 我 可以 用 信用卡 结帐 吗?

신용카드로 결제할 수 있습니까?

워   샹 퉤이팡   뚜오샤오치엔
○ 我 想 退房, 多少钱?

체크아웃하려고 합니다. 얼마지요?

워   샹 짜이 쭈 이티엔
○ 我 想 再 住 一天。

하루 더 머물려고 합니다.

워 야오 밍티엔 이 자오 리카이
○ 我 要 明天 一 早 离开。

저는 내일 아침 일찍 가려고 합니다.

칭 게이 워 짱딴 [파퍄오]
○ 请 给 我 帐单[发票]。

계산서[영수증]을 주세요.

◪ 신용카드	信用卡	씬용카
◪ 현금	现金	시엔찐
◪ 영수증	发票	파피아오
◪ 보증금	押金	야찐

중국의 수도 베이징(北京)

중국의 수도 베이징은 중국의 정치·문화의 중심지이자 국제 교류의 중심지이다. 화북평원 북부에 자리잡고 있으며 그 북쪽으로는 장성(長城)이 있다.

베이징은 역사가 깊은 도시로 세계적으로 유명한 문화유산들이 많아서 해마다 많은 관광객들이 몰려든다. 우리 나라 사람들에게 잘 알려진 고궁(故宮)과 천안문(天安门), 이화원(颐和园), 천단공원(天坛公园)도 모두 베이징에 있다. 천안문은 도시의 중심에 위치해 있는데 그 남쪽으로는 천안문광장(天安门广场)을 비롯해서 인민영웅기념비(人民英雄纪念碑), 인민대회당(人民大会堂), 역사박물관(历史博物馆)과 혁명박물관(革命博物馆), 모택동기념당(毛泽东纪念堂)이 있다.

시내 교통은 주로 버스와 지하철, 자전거에 의존하고 있는데 승용차의 비중이 점차 커지고 있다. 베이징은 주요 간선 철도의 기점으로 티베트를 제외한 모든 성(省)·자치구의 중심지와 연결되어 있으며 모스크바·울란바토르·평양·하노이 등지에 이르는 국제열차가 있다. 공항은 도시 북동쪽 50㎞ 거리에 국제 공항인 베이징수도공항(北京首都机场)이 있다.

베이징은 교육의 중심지이기도 하여 중국과학원의 각 연구소를 비롯, 베이징대학(北京大学), 청화대학(清华大学), 인민대학(人民大学) 등 20여 개의 대학이 있다.

Part Ⅲ 전화

1

웨이 왕롱 짜이 마
喂, 王龙 在 吗?

여보세요. 왕롱 있습니까?

2

쩡찐추반셔　　　　니 하오
正进出版社。你 好！

정진출판사입니다. 안녕하세요!

3

워　상 쯔다오 라오셔차관더　　띠엔화하오마
我 想 知道 老舍茶馆的 电话号码。

저는 노사차관의 전화번호를 알고 싶습니다.

4

웨이　칭 주안 찐타이씨
喂。请 转 金太喜。

여보세요, 김태희 바꿔 주세요.

5

워　지우스
我 就是

바로 접니다.

6

타 짜이 칭 덩이샤
她 在, 请 等一下。
있습니다. 잠시만 기다리세요.

7

니 스 나 이웨이
你 是 哪 一位?
당신은 누구시지요?

8

부용 러 워 덩이샤 짜이 다
不用 了。我 等一下 再 打。
아닙니다. 제가 잠시 뒤에 다시 걸겠습니다.

9

웨이 안 뚸이팡푸콴팡스 지에통 띠엔화
喂, 按 对方付款方式 接通 电话。
수신자 부담으로 부탁드립니다.

10

닌 야오 다 따오 날
您 要 打 到 哪儿?
어디로 거실 건가요?

11

니 다추오 러
你 打错 了。
당신은 잘못 걸었습니다.

(●기본 표현)

웨이
Ⓐ 喂。

여보세요.

웨이 왕롱 짜이 마
Ⓑ 喂, 王龙 在 吗?

여보세요. 왕롱 있습니까?

중국어로 전화할 때 '여보세요.'라는 말은 '웨이(喂)'입니다. 이 '웨이'는 본래 4성으로 내려 말해야 하지만 일상생활에서는 상황에 맞게 사용하고 있습니다. 영화나 드라마에서보면 올려서 말하는 것을 흔히 들을 수 있습니다.

기본어휘

◪ 전화	电话	띠엔화
◪ 여보세요	喂	웨이
◪ ~있습니까?	~ 在吗?	~짜이마?
◪ ~바꿔 주세요	请转 ~	칭 주안~

◉ 유용한 표현

○ 쩡찐추반셔　　니 하오
正进出版社。你 好!

정진출판사입니다. 안녕하세요!

○ 칭 주안 왕시엔셩
请 转 王先生!

왕 선생님을 바꿔주세요.

○ 워　샹 쯔다오　라오셔차관더　 띠엔화하오마
我 想 知道 老舍茶馆的 电话号码。

저는 노사차관의 전화번호를 알고 싶습니다.

○ 웨이　칭원　리밍　짜이 마
喂。请问, 李明 在 吗?

여보세요. 말씀 좀 묻겠습니다. 리밍 있습니까?

○ 웨이　칭 주안 리윈
喂。请 转 李云。

여보세요, 리윈 바꿔 주세요.

◩ 전화번호	**电话号码**	띠엔화하오마
◩ 전화를 걸다	**打电话**	다 띠엔화
◩ 휴대전화	**手机**	쇼우지
◩ 공중전화	**公用电话**	꽁용띠엔화

●기본 표현

웨이 니 하오 쩡찐꽁쓰
(A) **喂, 你 好。正进公司。**

네, 안녕하세요. 정진기업입니다.

웨이 리밍시엔셩 짜이 마
(B) **喂。李明先生 在 吗?**

여보세요, 리밍 선생 계십니까?

 우리 나라 일반 가정에서 전화를 받을 때는 '여보세요?'라고 말하는 것이 일반적이지만 회사나 단체에서 전화를 받을 때는 '네, 안녕하세요, ○○입니다.'라는 표현을 많이 씁니다. 중국에서 비슷한 표현이 있는데 전화를 받을 때 '웨이 니 하오 워스 ○○(喂, 你好, 我是○○。)'라고 말합니다.

기본어휘

◢ 바로 저입니다	我就是	워 지우스
◢ 누구세요?	哪一位?	나이웨이
◢ 잠시 기다리세요	请稍等	칭 샤오 덩
◢ 전화를 받다	接电话	지에 띠엔화

● 유용한 표현

웨이 리윈 짜이 마
○ **喂。李云 在 吗?**

여보세요. 리윈 있습니까?

타 짜이 칭 덩이샤
○ **她 在, 请 等一下。**

있습니다. 잠시만 기다리세요.

워 지우스
○ **我 就是。**

바로 접니다.

니 스 나 이웨이
○ **你 是 哪 一位?**

당신은 누구시지요?

리밍   요우 띠엔화 쟈오 니
○ **李明, 有 电话 找 你。**

리밍, 전화왔습니다.

◪ 있다	在	짜이
◪ 없다	不在	부짜이
◪ 전화가 혼선되다	电话混线	띠엔화 훈시엔
◪ 통화하다	通话	통화

●기본 표현

(A)
웨이 퍄오저민 짜이 마
喂, 朴哲民 在 吗?

여보세요, 박철민 있습니까?

(B)
뛔이부치   타 시엔짜이 부짜이 마판 니 짜이 궈 이샤오스 다 라이
对不起。他 现在 不在。麻烦 你 再 过 一小时 打 来。

미안합니다. 지금 없습니다. 죄송하지만 1시간 뒤에
다시 걸어주세요.

중국어 전화번호 숫자는 낱개의 숫자를 하나씩 읽으면 됩니다. 즉, '123-4567'이라면 '야오 얼 싼, 쓰 우 리우 치'로 읽는 것입니다. 1의 경우 전화번호나 방 번호를 말할 때 본 발음인 '이'가 아닌 '야오'로 읽는데 이것은 1이 중복되거나 (이-이) 7과 1이 연결되었을 때(치-이) 발음에 혼동이 오는 것을 피하려는 목적에서 '야오'로 발음하는 것입니다.

기본어휘

◢ 번거롭게 하다	麻烦	마판
◢ 다시 전화하다	再打来	다시 전화하다
◢ 막	刚	깡
◢ 퇴근하다	下班	샤빤

유용한 표현

빠오치엔 타 시엔짜이 짜이 카이훼이
○ **抱歉， 他 现在 在 开会。**

죄송합니다. 그는 지금 회의 중입니다.

타 깡 취 츠 우판
○ **他 刚 去 吃 午饭。**

그는 막 점심 식사하러 갔습니다.

타 추차이 취 러
○ **他 出差 去 了。**

그는 출장갔습니다.

타 깡 샤빤
○ **他 刚 下班。**

그는 막 퇴근했습니다.

타 간마오 메이 라이 샹빤
○ **他 感冒 没 来 上班。**

그는 감기에 걸려서 출근하지 않았습니다.

◣ 전화카드	**电话卡**	띠엔화카
◣ 수화기	**听筒**	팅통
◣ 번호 다이얼	**电话号码盘**	띠엔화하오마판
◣ 전화선	**电话线**	띠엔화시엔

●기본 표현

타 우디엔 훼이라이 니 야오 리우화 마
Ⓐ **他 五点 回来。你 要 留话 吗?**

그는 5시에 돌아옵니다. 말씀을 남기시겠어요?

하오더　마판　닌　랑 타 게이 워 훼이거 띠엔화
Ⓑ **好的, 麻烦 您 让 他 给 我 回个 电话?**

예. 번거로우시겠지만 그에게 전화 달라고 해 주시겠어요?

중국 호텔의 구내전화는 0번이나 9번을 누르면 시내전화 및 국제 전화를 사용할 수 있습니다. 사용법을 모르거나 자동식이 아니면 교환을 불러 연결을 부탁합니다.

기본어휘

돌아오다	回来	훼이라이
말을 남기다	留言/留话	리우옌/리우화
점심을 먹다	吃午饭	츠우판
지역번호	区域号码	취위하오마

유용한 표현

리윈 짜이 츠 우판   닌 야오 리우옌 마
李云 在 吃 午饭。您 要 留言 吗?

리윈은 점심을 먹고 있습니다. 메모 남기시겠어요?

스더 칭 니 까오수 타 리밍 다띠엔화 쟈오 타
是的, 请 你 告诉 她 李明 打电话 找 她。

예, 그녀에게 리밍에게 전화 왔었다고 전해 주세요.

부용 러 워 덩이샤 짜이 다
不用 了。我 等一下 再 打。

아닙니다. 제가 있다가 다시 걸겠습니다.

워 훼이 짜이 이샤오스 호우 짜이 다
我 会 在 一小时 后 再 打。

제가 1시간 뒤에 다시 걸겠습니다.

◨ 전화를 끊다	**挂电话**	과 띠엔화
◨ 다시 걸다	**再打**	짜이다
◨ 전화비	**电话费**	띠엔화페이

●기본 표현

웨이 안 뚸이팡 푸콴팡스 지에퉁 띠엔화
Ⓐ 喂, 按 对方 付款方式 接通 电话。

수신자 부담으로 부탁드립니다.

닌 야오 다 따오 날
Ⓑ 您 要 打 到 哪儿?

어디로 거실 건가요?

중국의 공용전화는 카드식, 동전식 전화기와 주인이 돈을 받는 전화가 있는데, 특이한 것은 일반 전화기를 놓고 주인이 돈을 받는 공용전화입니다. 후자는 주인이 전화 이용자의 전화한 시간과 전화한 장소를 계산하여 요금을 받습니다.

기본어휘

◢ 국가번호	国家号码	궈쟈하오마
◢ 수신자 부담	对方付款	뚸이팡 푸콴
◢ 국내전화	国内电话	궈네이띠엔화
◢ 국제전화	国际电话	궈찌띠엔화

● 유용한 표현

웨이 궈지 띠엔화타이 마
◎ **喂， 国际 电话台 吗?**

여보세요, 국제전화 오퍼레이터입니까?

워 쟈오 한궈   지에시엔런
◎ **我 找 韩国 接线员。**

한국 교환원을 바꿔주세요.

워 야오 다 따오 한궈   뒈이팡푸콴더   띠엔화
◎ **我 要 打 到 韩国 对方付款的 电话。**

저는 한국으로 수신자 부담 전화를 걸려고 합니다.

한궈   한청   띠엔화하오마 스 링얼- 야오 얼 싼 - 쓰 우 리우 치
◎ **韩国 汉城， 电话号码 是 02-123-4567.**

한국 서울이고 전화번호는 02-123-4567입니다.

워 쟈오 리밍   쇼우화런더   밍즈 스 퍄오저민
◎ **我 叫 李明，受话人的 名字 是 朴哲民。**

저는 리밍이고 수신자는 박철민입니다.

교환원	接线员	지에시엔위엔
한국	韩国	한궈
서울	汉城	한청
수신자	受话人	쇼우화런

6. 기타

웨이 칭원　짱리 짜이 마
Ⓐ **喂，请问，张力 在 吗?**

여보세요. 말씀 좀 묻겠습니다. 짱리 있습니까?

쩌리 메이요우런 쟈오 짱리　니 다추오 러
Ⓑ **这里 没有人 叫 张力。你 打错 了。**

여기에는 짱리라는 사람이 없는데요. 잘못 거셨습니다.

중국의 전화번호는 우리와 마찬가지로 지역번호–국번–전화번호 순으로 읽습니다. 단, 'OOO–OOOO'의 '–'즉, 국(局)은 읽지 않고 순서에 맞추어 그냥 읽습니다. 단 지역번호, 국번, 전화번호에 혼동이 오지 않도록 각기 쉬었다가 읽어야 합니다.

기본어휘

~라고 하는	有个叫~	요우거 쟈오~
잘못 걸다	打错	다추오
누르다	拨	뽀
전화를 받다	接电话	지에 띠엔화

◉ 유용한 표현

워 훼이라이 러 요우런 다 띠엔화 게이 워 마
○ 我 回来 了。有人 打 电话 给 我 吗?

나 돌아왔어요. 누가 나에게 전화했었나요?

스더   요우거 쟈오 리밍더 런 다 띠엔화 게이 니
○ 是的, 有个 叫 李明的 人 打 电话 给 你。

그래요, 리밍이라는 사람이 당신께 전화했었어요.

니 이딩   스 뽀추오 띠엔화 러
○ 你 一定 是 拨错 电话 了。

당신은 분명히 전화를 잘못 걸었습니다.

워   추취더   스호우 요우메이요우 요우런 다띠엔화 라이
○ 我 出去的 时候, 有没有 有人 打 电话 来?

내가 나갔을 때 누가 나에게 전화를 했었나요?

루궈 워 부짜이더 스호우 요우런 다 띠엔화 라이 칭 타 다 9876-5432
○ 如果我不在的时候有人打电话来, 请他打9876-5432。

내가 없을 때 전화가 오면 9876-5432로 걸라고 해 주세요.

◢ 통화 중	占线	짠시엔
◢ 통화가 되다	通电话	통띠엔화
◢ 구내전화	分机	펀지
◢ 대표전화	总机	종지

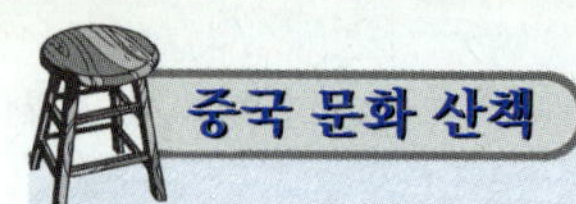

한국으로 전화하기

1. 중국에서 한국으로

⑴ 콜렉트콜 : 한국통신(10882) 또는 데이콤(108858). 한국인 안내원이 연결해 준다. 한국 통신사의 서비스를 이용하는 것으로 일반전화보다 30%정도 저렴하다.

⑵ 일반전화 이용 : 00-82(한국 국가번호) - 지역번호-가입자 번호. 지역번호의 첫째자리 0은 돌리지 않는다. 중국에서 서울의 123-4567로 전화를 건다면 001-82-2-123-4567로 하면 된다.

2. 한국에서 중국으로

001, 002 등 국제전화 서비스 번호 - 86(중국 국가번호)- 지역번호 - 가입자 번호. 단, 지역번호의 첫째자리 0은 돌리지 않는다.

예를 들어 한국통신(001)을 이용하여 한국에서 중국 베이징의 1234-5678로 전화할 경우, 001-86-10-1234-5678로 하면 된다.

Part IV 식당에서

1 요우 카오추앙더 웨이즈 마
有 靠窗的 位子 吗?
창가의 자리가 있습니까?

2 워 야오 이거 베이징카오야
我 要 一个 北京烤鸭。
북경오리구이 주세요.

3 워 야오 쩌거
我 要 这个。
이것 주세요

4 워 하이메이 쥐에딩
我 还没 决定。
저는 아직 정하지 못했습니다.

5 칭 부야오 샹차이
请 不要 香菜。
고수를 넣지 마세요.

6

니먼더　나쇼우차이 스 션머
你们的 拿手菜 是 什么?

이곳에서 가장 잘하는 요리는 뭔가요?

7

요우 션머　인랴오
有 什么 饮料?

어떤 음료수가 있나요?

8

웨이따오 부추오
味道 不错。

맛이 정말 좋아요.

9

워 디엔더 차이 하이메이 라이 너
我 点的 菜 还没 来 呢。

제가 주문한 요리가 아직 안 나왔습니다.

10

쩌 부스　워 디엔더 차이
这 不是 我 点的 菜。

이것은 제가 주문한 요리가 아닙니다.

11

칭 게이 워　쨩딴
请 给 我 帐单。

계산서 주세요.

●기본 표현

후안잉 꽝린 또우 지 웨이?
Ⓐ 欢迎 光临, 都 几 位?

어서 오세요! 모두 몇 분이시지요?

워먼   쓰거런
Ⓑ 我们 四个人。

우리는 네 명입니다.

일반적인 식당은 예약을 하지 않아도 됩니다. 다만 베이징의 노사차관(老舍茶馆 : 라오셔차관)과 같이 공연과 차를 함께하는 곳 등은 미리 예약을 하여 금액에 맞는 자리를 배정받아야 합니다.

기본 어휘

■ 흡연석	吸烟区	씨엔취
■ 식당	餐厅	찬팅
■ 예약하다	预订 / 预约	위딩 / 위웨
■ 창가	靠窗	추앙코우

●유용한 표현

칭 게이 워먼　페이 씨옌취
◎ **请 给 我们 非 吸烟区。**

비흡연석으로 주세요.

칭 게이 워 차이딴
◎ **请 给 我 菜单。**

메뉴판을 주세요.

칭원　　니 꿰이씽
◎ **请问, 你 贵姓?**

성함이 어떻게 되십니까?

요우 카오추앙더 웨이즈 마
◎ **有 靠窗的 位子 吗?**

창가의 자리가 있습니까?

워 용 리밍더　밍즈 이 위딩 하오 러
◎ **我 用 李明的 名字 已 预订 好 了。**

저는 리밍이라는 이름으로 이미 예약했습니다.

◪ ~라는 이름으로 예약하다

　　　　　　　用~的名字预约　용 ~더 밍즈 위위에

◪ 자리, 좌석　　　　位子 / 座位　웨이즈 / 쭈오웨이

◪ 손님　　　　　　顾客　　　꾸커

●기본 표현

니 야오 디엔 션머
(A) **你 要 点 什么?**

무엇을 주문하시겠습니까?

워 야오 이거 베이징카오야
(B) **我 要 一个 北京烤鸭。**

북경오리구이 주세요.

 비위가 약한 사람이라면 음식을 주문할 때 반드시 '부야오 샹차이'라고 말해야 합니다. 샹차이는 고수라는 식물을 말 하는데 독특한 향을 풍깁니다. 북방의 중국인들은 기름기 있 는 음식의 느끼함을 덜기 위해 거의 모든 요리에 이 고수를 넣습니다. 대부분의 한국인들은 고수의 향을 구리다고 느끼 며 이것이 들어간 요리를 먹지 못합니다.

기본 어휘

◧ 주문하다	点(菜)	디엔(차이)
◧ 불고기	烤肉	카오러우
◧ 북경오리구이	北京烤鸭	베이징카오야
◧ 물만두[교자]	饺子	쟈오즈

● 유용한 표현

요우 쟈오즈 마
○ **有 饺子 吗?**

물만두[교자] 있습니까?

워 야오 쩌거
○ **我 要 这个。**

이것 주세요

워 하이메이 쥐에딩
○ **我 还没 决定。**

저는 아직 정하지 못했습니다.

타먼   츠더   스 션머
○ **他们 吃的 是 什么?**

저 사람들이 먹는 것은 무엇이죠?

칭 부야오 샹차이
○ **请 不要 香菜。**

고수를 넣지 마세요.

◪ 포자만두	包子	빠오즈
◪ 국수	面条	미엔탸오
◪ 철판불고기	铁板牛肉	티에반니우러우
◪ 고수	香菜	샹차이

●기본 표현

니 야오 허 션머 인랴오
Ⓐ 你 要 喝 什么 饮料?
음료수는 무엇을 드시겠어요?

게이 워 이뻬이 카페이 하오 마
Ⓑ 给 我 一杯 咖啡, 好 吗?
커피 한 잔 주시겠어요?

 중국에는 50도 이상 되는 독한 술이 많아 상대가 주는 대로 마시간 실수하기 쉽습니다. 만약 술이 약하다면 청량음료나 차로 대신하겠다고 하면 굳이 강요하지 않습니다.

중국인은 첨잔하는 습관이 있어 잔이 다 차있지 않으면 수시로 채우려고 합니다. 중국에는 술잔 돌리는 습관이 없으므로 중국인과 술을 마실 때는 주의해야 합니다.

기 본 어 휘

◪ 음료수	饮料	인랴오
◪ 디저트	点心	디엔씬
◪ 콜라	可乐	컬러
◪ 사이다	汽水	치 쉐이

● 유용한 표현

니먼더　나쇼우차이 스 션머
- **你们的 拿手菜 是 什么?**

이곳에서 가장 잘하는 요리는 뭔가요?

칭 게이 워 량핑 피지우
- **请 给 我 两瓶 啤酒。**

맥주 두 병 주세요.

칭 니 퉤이지엔 이샤
- **请 你 推荐 一下。**

추천해 주세요.

니먼 요우 나시에 디엔씬
- **你们 有 哪些 点心?**

어떤 디저트가 있습니까?

요우 션머 인랴오 [지우]
- **有 什么 饮料 [酒]?**

어떤 음료수가[술이] 있나요?

◣ 커피	咖啡	카페이
◣ 간판 요리	拿手菜	나쇼우차이
◣ 맥주	啤酒	피지우
◣ 추천(하다)	推荐	퉤이지엔

●기본 표현

쩌 따오 차이더 웨이따오 쩐머양
Ⓐ 这 道 菜的 味道 怎么样?

이 요리의 맛이 어떤가요?

웨이따오 부추오
Ⓑ 味道 不错。

맛이 정말 좋아요.

어떤 요리가 좋은지 모를 때나 중국 음식이 입에 맞지 않을 때는 자기가 좋아하는 맛을 찾는 것도 하나의 방법입니다.

예를 들어 매운 맛을 원할 경우 '워 야오 라더(我要辣的。)' 라고 하면 비교적 매운 맛의 요리를 추천받을 수 있습니다. '워 야오~(我要~)'는 '~을 원하다'의 의미이니 뒤에 자신 이 말하고 싶은 맛을 붙여서 말하면 됩니다.

기본어휘

◩ 맛 / 입맛	味道 / 口味	웨이따오 / 코우웨이
◩ 맛있다	好吃	하오츠
◩ 진하다 / 싱겁다	浓 / 淡	농 / 딴
◩ 짜다	咸	시엔

◉ 유용한 표현

하오 부 하오츠
● **好 不 好吃?**

맛이 어떤가요?

쥐에더 시엔이디엔
● **觉得 咸一点。**

조금 짠 것 같습니다.

쩐 하오츠
● **真 好吃。**

정말 맛있어요.

하이 커이
● **还 可以。**

그런대로 좋아요.

허 코우웨이 요우 두터더 웨이따오
● **合 口味, 有 独特的 味道。**

입에 맞아요. 독특한 맛이 있군요.

◧ 달다	甜	티엔
◧ 시다	酸	쑤안
◧ 쓰다	苦	쿠
◧ 맵다	辣	라

●기본 표현

A 쩌 부스 워 디엔더
这 不是 我 点的。
이것은 제가 주문한 것이 아닙니다.

B 아 쩐 빠오치엔 워 마샹 게이 니 쏭라이
啊, 真 抱歉。 我 马上 给 你 送来。
아, 정말 죄송합니다. 바로 가져다 드리겠습니다.

 비교적 큰 식당은 테이블 주위에 종업원들이 주위에 대기하고 있습니다. 뜻하지 않은 문제가 발생했을 때에는 손을 들어서 종업원을 부르면 됩니다.

종업원의 호칭은 '푸우위엔(服务员 종업원)' 혹은 '샤오지에(小姐 아가씨)'가 적당한데 샤오지에는 결혼하지 않은 젊은 여자를 부를 때 흔히 쓰는 표현입니다.

기본어휘

◪ 잔, 컵	杯子	뻬이즈
◪ 유리컵	玻璃杯	뽀리뻬이
◪ 더럽다	脏	짱
◪ 젓가락	筷子	콰이즈

● 유용한 표현

짜이 게이 워 이거 뽀리뻬이   워더   뻬이즈 요우디얼 짱
○ 再 给 我 一个 玻璃杯。 我的 杯子 有点儿 脏。

유리컵을 하나 더 가져다주세요. 제 컵이 조금 더럽습니다.

샤오지에 칭 환 이거 콰이즈
○ 小姐， 请 换 一个 筷子。

아가씨, 젓가락을 바꿔주세요.

워 디엔더 차이 하이메이 라이 너
○ 我 点的 菜 还没 来 呢。

제가 주문한 요리가 아직 안 나왔습니다.

칭 게이 워 이거   차즈
○ 请 给 我 一个 叉子。

포크를 주세요.

차이 리 요우 창잉
○ 菜 里 有 苍蝇。

요리에 파리가 있어요.

◩ 포크 / 숫가락	叉子 / 匙子	차즈 / 츠즈
◩ 그릇, 사발	碗子	완즈
◩ 종이 냅킨	餐巾纸	찬진즈
◩ 파리 / 벌레	苍蝇 / 虫子	창잉 / 총즈

● 기본 표현

칭 게이 워 짱딴
(A) **请 给 我 帐单。**

계산서 주세요.

쩌리　칭
(B) **这里, 请。**

여기 있습니다

중국도 한국과 마찬가지로 식사를 하고 난 다음 서로 자기가 내겠다고 다투는 경우가 종종 있습니다. 이때 자기가 내겠다는 말은 '워 칭커(我请客。)'라고 하면 되고 '(이번에 네가 냈으니) 다음에는 내가 내신 낸다.'라는 말은 '샤츠 워 훼이칭 (下次我回请。)'이라고 하면 됩니다.

기 본 어 휘

계산서	帐单	짱딴
신용카드	信用卡	씬용카
계산하다	结帐	지에짱
식사비	饭费	판페이

◉ 유용한 표현

짜이 나리 지에짱
○ **在 哪里 结帐?**

어디에서 계산하지요?

니먼　쩔　커이　용　씬용카　마
○ **你们 这儿 可以 用 信用卡 吗?**

여기에서 신용카드를 쓸 수 있습니까?

칭 게이 워 파퍄오
○ **请 给 我 发票。**

영수증을 주세요.

워　칭커
○ **我 请客。**

제가 낼게요

워먼　꺼푸꺼더
○ **我们 各付各的。**

우리 각자 냅시다

◪ 영수증	发票 / 收据	파퍄오 / 쇼우쮀
◪ 한턱 내다	请客	칭커
◪ 각자 내다	各付各的	꺼푸꺼더

중국의 요리

유구한 역사와 광대한 영토를 가진 중국은 각 지방이 상이한 기후풍토, 서로 다른 생산물을 가진 관계로 지방마다 특징있는 요리가 발달되어 왔다. 중국요리를 지역적으로 크게 분류하면 베이징요리(北京料理), 난징요리(南京料理), 광동요리(广东料理), 사천요리(四川料理)로 나눌 수 있다.

베이징요리 : 베이징이 오랫동안 중국의 수도였던 까닭에 궁중요리를 비롯한 고급요리가 발달하였다. 강한 화력으로 짧은 시간에 조리하는 튀김, 볶음요리 등이 발달하였다. 대표 요리로는 북경 오리구이(北京烤鸭)가 있다.

난징요리 : 이 지방은 바다에 가까운 장강(长江) 하구를 중심으로 이루어져 있기 때문에 해산물과 미곡을 바탕으로 한 요리가 발달하였으며 기름기 많고 맛이 진한 것이 특징이다.

광동요리 : 광저우를 중심으로 푸지엔성의 요리를 총칭한다. 광동요리는 서구의 영향으로 서양요리의 재료와 조미료를 많이 사용한다. 신선하고 부드러우며 재료의 원래 맛을 살리는 것이 특징이다.

사천요리 : 사천, 운남, 귀주 지방의 요리를 총칭한다. 이곳의 음식은 고추, 마늘 등을 사용하여 강한 향기와 톡 쏘는 매운 맛을 낸다. 이런 특색은 습도가 높고 여름이 더운 사천 분지의 특성에서 유래했다고 한다. 유명한 요리로는 닭고기 땅콩볶음(公宝鸡丁), 마파두부(麻婆豆腐) 등이 있다.

Part V 쇼핑

주요 표현 11

(1)
워 즈스 칸칸 얼이
我 只是 看看 而已。
저는 단지 둘러보는 겁니다.

(2)
워 커이 스추안 이샤 마
我 可以 试穿 一下 吗?
제가 입어봐도 될까요?

(3)
부따 예 뿌샤오 쩡 허션
不大 也 不小 正 合身。
크지도 작지도 않고 딱 맞습니다.

(4)
워 야오 따 [쭝, 샤오] 하오더
我 要 大[中、小] 号的。
저는 L[M,S]사이즈를 원합니다.

(5)
요우 션머 옌써더
有 什么 颜色的?
어떤 색이 있습니까?

6

칭원　쩌 스 짜이 날　성찬더
请问, 这 是 在 哪儿 生产的?

이것은 어디에서 생산한 것인가요?

7

요우메이요우 비에더 양스
有没有 别的 样式?

다른 디자인은 없나요?

8

쩌거　타이 꿰이 러　커이　피엔이 이디엔　마
这个 太 贵 了。 可以 便宜 一点 吗?

이것은 너무 비쌉니다. 깎아줄 수 있습니까?

9

하오더　워 마이 러　이꽁　뚜오샤오치엔
好的, 我 买 了, 一共 多少钱?

좋습니다. 사겠습니다. 모두 얼마인가요?

10

칭　바 쩌　샹핀　빠오치라이
请 把 这 商品 包起来。

이 상품을 포장해 주세요.

11

원　샹 퉤이치엔
我 想 退钱。

저는 환불하려고 합니다.

●기본 표현

니 야오 션머
Ⓐ 你 要 什么?

뭐가 필요하세요?

워 야오 마이 이지엔 쟈커
Ⓑ 我 要 买 一件 夹克。

저는 재킷을 한 벌 사려고 합니다.

상점에서 물건을 구경하고 있으면 점원이 와서 '你要吗? (니 야오마? : 필요하세요?)', 혹은 '你要什么? (니 야오 션 머? : 뭘 원하세요?)라고 묻곤 합니다. 이때 단지 구경을 하 는 것이라면 '我只是看看。(워 즈스 칸칸 : 저는 단지 구경하 는 것입니다.)' 이라고 하면 됩니다.

기본 어휘

▨ 점퍼   夹克   쟈커
▨ 선물   礼物   리우
▨ 아내   太太   타이타이
▨ 카메라   照相机   쟈오샹지

● 유용한 표현

워 야오 마이 게이 타이타이더 리우
● 我 要 买 给 太太的 礼物。

저는 아내에게 줄 선물을 사려고 합니다.

칭 게이 워 칸칸   쩌종더
● 请 给 我 看看 这种的。

이런 종류의 것을 보여 주세요.

워 짜이 날   커이 마이따오 쟈오샹지 너
● 我 在 哪儿 可以 买到 照相机 呢?

어디에서 카메라를 살 수 있습니까?

메이꾸안씨 워 즈스 칸칸 얼이
● 没关系, 我 只是 看看 而已。

괜찮습니다. 저는 단지 둘러보는 겁니다.

칭 게이 워 칸칸 니우자이쿠
● 请 给 我 看看 牛仔裤。

청바지를 보여주세요.

◪ 단지 보다	只是看看	즈스칸칸
◪ 청바지	牛仔裤	니우자이쿠
◪ 운동화	运动鞋	윈똥시에
◪ 치마	裙子	췬즈

●기본 표현

니 추안 지하오더 이푸
Ⓐ **你 穿 几号的 衣服?**

당신은 어떤 사이즈의 옷을 입으세요?

쭝떵 츠마더
Ⓑ **中等 尺码的。**

중간 사이즈요.

물건의 사이즈를 말할 때는 주로 '号(하오 : 호)'를 씁니다. 사이즈를 물을 때는 '这个多大号? (쩌거 뚜오따 하오 : 이것 몇 호인가요?)' 라고 합니다.

한 치수 크거나 작은 사이즈를 원할 때는 '我要大[小]一号 的。(워 야오 따[샤오] 이하오 더 : 저는 한 치수 큰[작은] 것 을 원합니다.)' 라고 말합니다.

기 본 어 휘

◨ 중간	中等	쭝떵
◨ 입어보다	试穿	스촨
◨ 보다	看看	칸칸
◨ 사이즈	尺码	츠마

● 유용한 표현

랑 워 칸칸
○ **让 我 看看**。

제게 좀 보여 주세요.

워 커이 스추안 이샤 마
○ **我 可以 试穿 一下 吗?**

제가 입어봐도 될까요?

부따 예 뿌샤오 쩡 허션
○ **不大 也 不小 正 合身**。

크지도 작지도 않고 딱 맞습니다.

워 야오 따 [쫑, 샤오] 하오더
○ **我 要 大[中、小] 号的**。

저는 L[M,S]사이즈를 원합니다.

요우메이요우 따[샤오] 이하오더
○ **有没有 大[小] 一号的?**

한 치수 큰 것[작은 것]이 있나요?

◪ 몸에 맞다	**合身**	허션
◪ L사이즈	**大号**	따하오
◪ M사이즈	**中号**	쫑하오
◪ S사이즈	**小号**	샤오하오

●기본 표현

(A)
닌 야오 션머 옌써더
您 要 什么 颜色的?

어떤 색을 원하세요?

(B)
워 야오 헤이써더
我 要 黑色的。

저는 검은색을 원합니다.

 개인 상점의 경우 같은 상품의 가격이나 할인 폭r이 다를 수 있습니다. 기념품 등을 구입할 때는 시간에 구애받지 않는다면 적어도 두 곳 이상의 상점에서 가격을 비교하는 것이 좋습니다.

기본어휘

색깔	颜色	옌써
생산하다	生产	성찬
품질, 질량	质量	쯔량
검은색	黑色	헤이써

유용한 표현

요우 션머 옌써더
有 什么 颜色的?

어떤 색이 있습니까?

닌 칸 나 종 옌써 뛔이 워 허션
您 看，哪 种 颜色 对 我 合身?

보시기에 어떤 색이 저에게 어울릴까요?

쩌종 옌써 부타이 허스
这种 颜色 不太 合适。

이 색은 잘 안어울립니다.

칭원 쩌 스 짜이 날 성찬더
请问，这 是 在 哪儿 生产的?

이것은 어디에서 생산한 것인가요?

쯔량 쭈에이하오더 스 나거
质量 最好的 是 哪个?

가장 품질이 좋은 것은 어떤 것이죠?

흰색	白色	바이써
녹색	绿色	뤼써
빨간색	红色	홍써
남색	蓝色	란써

●기본 표현

쩌거　쩐머양
Ⓐ 这个 怎么样?

이것은 어떤가요?

워　뿌씨환　쩌거　　게이 워 칸이샤　비에더 바
Ⓑ 我 不喜欢 这个。给 我 看一下 别的 吧。

저는 이것을 좋아하지 않아요. 다른 것을 보여주세요.

물건을 구입할 때는 꼭 필요한 것인지 신중히 생각해야 합니다. 중국의 물가가 많이 오르고 있다고는 하지만 아직 우리나라에 비하면 물건이 많이 싸기 때문에 사다 보면 필요 없는 물건까지 사는 경우가 있습니다.

'저는 이것 안 삽니다.'라는 표현은 '我不买这个。(워 부 마이 쩌거)'라고 하면 됩니다.

기본어휘

◢ 좋아하다	喜欢	씨환
◢ 싫어하다	不喜欢	뿌씨환
◢ 이것	这个	쩌거
◢ 저것	那个	나거

유용한 표현

요우메이요우 비에더 양스
◎ **有没有 别的 样式?**

다른 디자인은 없나요?

워 뿌씨환 쩌종 콴스더
◎ **我 不喜欢 这种 款式的。**

저는 이런 디자인을 좋아하지 않아요.

쩌거 타이 꿰이 러
◎ **这个 太 贵 了。**

이것은 너무 비쌉니다.

쩌 타이 핑창 러
◎ **这 太 平常 了。**

이것은 너무 평범합니다.

게이 워 칸칸 비에더 옌써
◎ **给 我 看看 别的 颜色。**

저에게 다른 색의 것을 보여 주세요.

◪ 디자인	样式 / 款式	양스 / 콴스
◪ 비싸다	贵	꿰이
◪ 다른	别的	비에더

5. 물건을 살 때

Ⓐ 쩌 스 얼스우콰이 니 야오 마이 마
这 是 25块。　你 要 买 吗?

이것은 25원입니다. 사시겠어요?

Ⓑ 하오더 워 마이 러 뚜오샤오치엔
好的, 我 买 了, 多少钱?

좋습니다. 사겠습니다. 얼마지요?

중국의 경우 우리 나라와 달리 물건을 흥정하여 값을 깎기 쉽습니다. 백화점이나 국영상점 등에서는 흥정할 수 없지만 개인상점에서는 흥정에 따라 가격이 반액에 가깝게 내려가 기도 합니다. 상품에 관심을 갖다가 금액이 비싸 안 사고 간 다고 하면 계속 가격을 떨어뜨리는 경우가 많으니 조급해 하 지 말고 흥정을 해야 합니다.

기본 어휘

◪ 원, 화폐단위	块	콰이
◪ 사다	买	마이
◪ 얼마인가요?	多少钱	뚜오샤오치엔
◪ 정말 비싸다	真贵	쩐꿰이

● 유용한 표현

워 쭈에이 씨환 쩌거
● 我 最 喜欢 这个。

이것이 가장 좋습니다.

쩐 꿰이 넝 지엔지아 마
● 真 贵, 能 减价 吗?

정말 비싸군요. 할인할 수 있습니까?

커이   피엔이 이디엔 마
● 可以 便宜 一点 吗?

깍아줄 수 있습니까?

요우메요우 비쟈오 피엔이더
● 有没有 比较 便宜 的?

조금 저렴한 것은 없나요?

짜이 피엔이 이디엔 바
● 再 便宜 一点 吧。

값을 더 깍아 주세요.

◪ 할인하다	减价	지엔쟈
◪ 값이 싸다	便宜	피엔이
◪ 값을 싸게 하다	便宜一点	피엔이이디엔
◪ 가격표	价格表	쟈거뱌오

●기본 표현

쩌거　뚜오샤오치엔
Ⓐ **这个 多少钱?**

이것은 얼마인가요?

다빠저　　얼스콰이치엔
Ⓑ **打八折, 20块钱。**

20% 할인해서 20원입니다.

계산하는 방법으로는 현금, 신용 카드, 여행자 수표 등을 사용할 수 있는데 일반 상점에서는 현금만 받는 경우도 많습니다. 작은 단일 상점이라면 물건을 구입하면서 바로 금액을 치르지만 백화점과 같이 비교적 큰 상점인 경우 물건을 고른 뒤 지불처에서 금액을 지불하고 물건을 찾는 경우도 있으니 주의해야 합니다.

기본어휘

◩ 할인하다	**打折扣**	다저코우
◩ 계산하다	**结帐**	지에짱
◩ 모두	**一共**	이꽁
◩ 설명서	**说明书**	슈오밍슈

● 유용한 표현

이꿍　뚜오샤오치엔
● 一共 多少钱?

모두 얼마인가요?

니먼　쇼우 씬용카　마
● 你们 收 信用卡 吗?

신용카드를 받습니까?

칭 바 쩌 샹핀　빠오치라이
● 请 把 这 商品 包起来。

이 상품을 포장해 주세요.

칭 펀카이 빠오샹
● 请 分开 包上。

나누어 싸 주세요.

칭 게이 워 쇼우쮜
● 请 给 我 收据。

영수증을 주세요.

◪ 상품	商品	샹핀
◪ 싸다	包起来	빠오치라이
◪ 포장(하다)	包装	빠오좡
◪ 영수증	收据	쇼우쮜

●기본 표현

요우 셔머 원티 마
Ⓐ **有 什么 问题 吗?**

무슨 문제가 있나요?

워 샹 퉤이환 쩌 지엔 따이
Ⓑ **我 想 退还 这 件 大衣。**

저는 이 코트를 무르려고 합니다.

기념품 등 물건을 구입할 때는 작은 상점에서 물건을 구입했더라도 혹시 모를 교환, 반품을 위해 영수증을 받아놓는 것이 좋습니다.

환불이나 교환을 할 때는 원래의 포장 용기에 물건을 잘 넣은 후 물건을 산 상점의 담당 직원에게 영수증을 제시하고 문의하면 됩니다.

기 본 어 휘

◪ 문제	问题	원티
◪ 무르다	退还	퉤이환
◪ 코트	大衣	따이
◪ 유행에 떨어지다	过时	궈스

◉ 유용한 표현

쩌 지엔 이푸 요우 원티
◎ 这 件 衣服 有 问题。

이 옷에 문제가 있습니다.

쩌 지엔 타이 궈스 러
◎ 这 件 太 过时 了。

이 옷은 너무 유행에 뒤떨어져서요.

타이 따 러
◎ 太 大 了。

너무 큽니다.

원 샹 퉤이치엔
◎ 我 想 退钱。

저는 환불하려고 합니다.

워 샹 환 비에더 똥시
◎ 我 想 换 别的 东西。

저는 다른 물건으로 바꾸고 싶어요.

◪ 환불(하다)　　　退钱　　　퉤이치엔

◪ 바꾸다　　　　　换　　　　환

◪ 물건　　　　　　东西　　　똥시

◪ 잔돈　　　　　　零钱　　　링치엔

중국의 화폐

　중국의 화폐는 인민폐(人民币 런민삐)라고 하는데 화폐의 기본단위는 원(元 위엔)이고 영문으로는 (RMB, ￥)로 표기한다. 하부단위로는 보조화폐로 각(角 쟈오)과 분(分 펀)이 있는데 1원은 10각, 1각은 10분이다. 원은 구어(口语)로 콰이(块)라고 부르고 각은 구어로 마오(毛)라고 부른다.

1元(块)=10角(毛)=100分

TAXI
TAXI

주요 표현 11

(1)
칭원　띠티에짠 짜이 날
请问, 地铁站 在 哪儿?
말씀 좀 묻겠습니다. 지하철역이 어디있습니까?

(2)
칭원　티엔안먼 쩐머 조우
请问, 天安门 怎么 走?
말씀 좀 묻겠습니다. 천안문은 어떻게 가지요?

(3)
미루 러 뿌쯔따오 쩐머 조우
迷路 了, 不知道 怎么 走。
길을 잃었습니다. 어떻게 가야할지 모르겠어요.

(4)
넝 게이 워 화 이짱 뤼에투 마
能 给 我 画 一张 略图 吗?
약도 한 장 그려주실 수 있어요?

(5)
워　쭈 베이징 판디엔
我 住 北京饭店。
저는 베이징 호텔에 묵고 있습니다.

6
쩌 루 꽁꽁치처　　취 티엔탄 마
这 路 公共汽车 去 天坛 吗?
이 버스는 천단에 갑니까?

7
워 쭈오추오 러 루시엔
我 坐错 了 路线。
저는 노선을 잘못 탔어요.

8
취 베이징짠 바
去 北京站 吧。
베이징역으로 갑시다.

9
워 샹 지에 량티엔 쯔싱처　용용
我 想 借 两天 自行车 用用。
저는 이틀 간 자전거를 빌리려고 합니다.

10
워 야오 따오 ~취
我 要 到~去。
저는 ~에 가고 싶어요.

11
넝 게이 워 쟈오 이장 샹 마
能 给 我 照 一张 像 吗?
사진 한 장 찍어 주시겠어요?

●기본 표현

칭원　요우쥐 짜이 날
Ⓐ **请问, 邮局 在 哪儿?**

말씀 좀 묻겠습니다. 우체국은 어디에 있나요?

조우 따오 지에쟈오　란호우 짜이 왕 요우 과이
Ⓑ **走 到 街角,　然后 再 往 右拐。**

길 모퉁이로 가서 오른쪽으로 도세요.

낯선 땅에서 길을 잃고 헤매는 것처럼 난처한 경우도 없습니다. 길을 물을 때는 한 사람에게만 묻지 말고 여러 사람에게 물어 확인하는 것이 좋습니다.

기본어휘

◢ 말씀 좀 묻겠습니다 请问　　　　칭원

◢ 길모퉁이　　　　街角　　　지에쟈오

◢ 그 뒤에　　　　然后　　　란호우

◢ 오른쪽으로 돌다　右拐　　　요우과이

● 유용한 표현

칭원　티엔안먼 쩌머 조우
● **请问, 天安门 怎么 走?**

말씀 좀 묻겠습니다. 천안문은 어떻게 가지요?

쩔　푸진 요우 인항　마
● **这儿 附近 有 银行 吗?**

이 부근에 은행이 있습니까?

리　쩔　요우 뚜오위엔 너
● **离 这儿 有 多远 呢?**

여기에서 얼마나 멉니까?

쩌 이청 요우 꽁용띠엔화　마
● **这 一层 有 公用电话 吗?**

이 1층에 공중전화가 있습니까?

뛔이부치　워 부타이 칭추
● **对不起, 我 不太 清楚。**

미안합니다, 잘 모르겠습니다.

◪ 천안문	天安门	티엔안먼
◪ 어떻게 가지요	怎么走	쩌머조우
◪ 부근	附近	푸찐
◪ 큰길을 건너다	过马路	꿔마루

●기본 표현

미루 러 　 쩌 스 셔머 띠팡
Ⓐ 迷路 了, 这 是 什么 地方?

길을 잃었습니다. 여기가 어디지요?

쩌 스 치엔먼 따지에
Ⓑ 这 是 前门 大街。

여기는 전문 대로입니다.

길을 잃었을 때는 주위의 사람들에게 묻는 것이 가장 좋지만 의외로 근처의 지리를 잘 모르는 중국인들이 많습니다. 중국을 여행할 때는 항상 숙박하고 있는 곳의 연락처와 이름을 소지하여 대비하는 것이 좋습니다.

기본어휘

◪ 길을 잃다	迷路	미루
◪ 어느 지역	什么地方	셔머 띠팡
◪ 모르다	不知道	뿌쯔따오
◪ 약도	略图	뤼에투

● 유용한 표현

뿌쯔따오 쩐머 조우
◎ 不知道 怎么 走?

어떻게 가야할지 모르겠어요.

넝 게이 워 화 이짱 뤼에투 마
◎ 能 给 我 画 一张 略图 吗?

약도 한 장 그려주실 수 있어요?

칭 짜이 쩌거 띠투샹 쭈오거 뱌오지
◎ 请 在 这个 地图上 做个 标记。

이 지도에 표시를 해 주세요.

워 쭈 베이징 판디엔
◎ 我 住 北京饭店。

저는 베이징 호텔에 묵고 있습니다.

워 샹 훼이 샹하이 판디엔 취
◎ 我 想 回 上海饭店 去。

저는 상하이 호텔로 돌아가고 싶어요.

◪ 표시하다	做个标记	쭈오거 빠오지
◪ 묵다, 살다	住	쭈
◪ 전문	前门	치엔먼
◪ 서단	西单	씨딴

3. 버스를 이용할 때

쩌　루 꽁꽁치처　　취　티엔탄 마
Ⓐ **这 路 公共汽车 去 天坛 吗?**

이 버스는 천단에 갑니까?

취
Ⓑ **去。**

갑니다.

중국의 버스는 크게 버스(公共汽车 : 꽁꽁치처), 무궤도 전차(无轨电车 : 우궤이띠엔처), 소형 버스(小公共汽车 : 샤오꽁꽁치처)로 구분할 수 있습니다. '公共汽车'는 가장 일반적인 버스로 차량이 두 칸으로 연결된 것과 일반 버스가 있습니다. 무궤도 전차는 말 그대로 버스 모양을 한 전기 버스를 말하며 '小公共汽车'는 '小巴(샤오빠)'라고도 하는데 우리 나라의 마을 버스보다 조금 더 작은 미니 버스입니다.

기 본 어 휘

◪ 버스	公共汽车	꽁꽁치처
◪ 버스정거장	公共汽车站	꽁꽁치처짠
◪ 어느 정거장	哪一站	나이짠
◪ 차에서 내리다	下车	샤처

유용한 표현

꽁꽁치처짠   짜이 날
● **公共汽车站 在 哪儿?**

버스정류장이 어디입니까?

취 꾸꿍   짜이 나 이짠   샤처
● **去 故宫 在 哪 一站 下车?**

고궁에 가려면 어느 정거장에서 내려야합니까?

워 따오 이허위엔 취   뚜오샤오치엔
● **我 到 颐和园 去, 多少钱?**

저는 이화원까지 갑니다. 얼마입니까?

까이 짜이 날   샤처
● **该 在 哪儿 下车?**

어디에서 내려야 합니까?

따오 치엔먼 스   칭 까오수 워
● **到 前门 时, 请 告诉 我。**

전문에 도착하면 알려 주세요.

◪ 알려 주다	告诉	까오수
◪ 천단	天坛	티엔탄
◪ 고궁	故宫	꾸꿍
◪ 이화원	颐和园	이허위엔

●기본 표현

칭원　　띠티에짠 짜이　날
Ⓐ **请问，地铁站 在 哪儿?**

말씀 좀 묻겠습니다. 지하철역이 어디 있습니까?

궈　마루　지우스
Ⓑ **过 马路 就是。**

길을 건너면 바로 있습니다.

베이징의 지하철은 고궁을 중심으로 주변을 도는 환상선(環狀線)과 베이징역에서 천안문을 지나 서쪽 교외로 이어지는 동서선(東西線), 2개의 노선이 있습니다. 이 두 노선은 시내 중심부의 도로를 따라서 만들어져 시내의 주요 지점에 역이 있습니다.

기본 어휘

◤ 지하철역	地铁站	띠티에짠
◤ 길을 건너다	过马路	꿔마루
◤ 지하철역 입구	地铁出口	띠티에 추코우
◤ 차를 갈아타다	换车	환처

● 유용한 표현

띠티에 추코우 짜이 날
○ **地铁 出口 在 哪儿?**

지하철역 입구가 어디지요?

쭈오 띠티에 커이 취 씨딴 마
○ **坐 地铁 可以 去 西单 吗?**

지하철을 타고 서단에 갈 수 있습니까?

짜이 날 환처 너
○ **在 哪儿 换车 呢?**

어디에서 갈아타야 합니까?

워 쭈오추오 러 루시엔
○ **我 坐错 了 路线。**

저는 노선을 잘못 탔어요.

띠티에 윈씽 따오 지디엔
○ **地铁 运行 到 几点?**

지하철은 몇 시까지 운행합니까?

◪ 잘못 타다	坐错	쭈오추오
◪ 노선	路线	루시엔
◪ 운행하다	运行	윈씽
◪ 몇 시	几点	지 디엔

5. 기차를 이용할 때

워 마이 이장 밍티엔 취 티엔찐더 훠처퍄오
(A) 我 买 一张 明天 去 天津的 火车票。

저는 내일 톈진으로 가는 기차표를 한 장 사려고 합니다.

닌 야오 지디엔더
(B) 您 要 几点的?

몇 시 것을 원하세요?

중국 철도는 티베트 지역을 제외한 거의 모든 지역을 연결하고 있는 가장 큰 비중을 차지하는 교통수단입니다.

중국의 열차는 차편에 따라 '**特快**(터콰이 : 특쾌), **直快**(즈콰이 : 직쾌), **快客**(콰이커 : 쾌객)' 등으로 나뉘고, 좌석 등급에 따라서 '**软卧**(롼워 : 1등 침대), **硬卧**(잉워 : 2등 침대), **软座**(롼쭈오 : 1등석), **硬座**(잉쭈오 : 2등석)'로 분류합니다.

기본어휘

◪ 기차	火车	훠처
◪ 기차표	火车票	훠처퍄오
◪ 출발하다	发车	파처
◪ 침대석	卧铺	워푸

● 유용한 표현

취 샹하이더 훠쳐 지디엔 파쳐
去 上海的 火车 几点 发车?

상하이행 열차는 몇 시에 출발하죠?

워 마이 워푸   잉워 뚜오샤오치엔
我 买 卧铺, 硬卧 多少钱?

저는 침대석을 원합니다. 일반 침대석은 얼마죠?

워더   워푸샹   짜이 날
我的 卧铺厢 在 哪儿?

저의 침대는 어디인가요?

짜이 쩌 짠 팅쳐   지펀종
在 这 站 停车 几分钟?

이 역에서 얼마나 정차하나요?

쩌 스 워더 쭈오웨이
这 是 我的 座位。

여기는 제 자리입니다.

일반 침대석	硬卧	잉워
식당차	餐车	찬처
1등석	软座	롼쭈오
열차시각표	列车时刻表	리에처 스커뱌오

●기본 표현

취　베이징짠 바
(A) **去 北京站 吧。**

베이징역으로 갑시다.

하오　쯔다오 러
(B) **好, 知道 了。**

예, 알겠습니다

관광객들이 가장 이용하기 쉬운 교통수단이 바로 택시입니다. 택시를 베이징 등의 북쪽 지방에서는 지붕에 '出租(추주)'로, 광동 등의 남쪽 지방에서는 '的士(디스-Taxi의 음역)'로 표시합니다.

중국 택시는 시간·거리 병산제로 요금을 매기며 야간에는 요금에 약 20%정도의 할증요금이 추가됩니다.

기본어휘

◪ 택시	出租汽车	추주치처
◪ 택시 승차장	出租汽车站	추주치처짠
◪ 몇 킬로미터인가	有几公里	요우지꽁리
◪ 얼마나 오래	多长时间	뚜오창 스지엔

● 유용한 표현

추주치처짠   짜이 날
○ 出租汽车站 在 哪儿?

택시 승차장은 어디입니까?

총 쩔 따오 지창 요우 지 꽁리
○ 从 这儿 到 机场 有 几 公里?

여기에서 공항까지 몇 킬로미터인가요?

따오 날 야오 뚜오창 스지엔
○ 到 那儿 要 多长 时间?

거기까지 얼마나 걸리나요?

넝 짜이 쩔   덩 이훨   마
○ 能 在 这儿 等 一会儿 吗?

여기서 잠시 기다려 주실 수 있나요?

따오 러 따오 날 팅처 바
○ 到了, 到 那儿 停车 吧。

다 왔어요, 저기에서 세워 주세요.

◣ 기다리다	等一会儿	덩이훨
◣ 도착하다	到了	따오러
◣ 차비	车费	처페이
◣ 정차하다	停车	팅처

● 기본 표현

워 샹 지에 량티엔 쯔싱처   용용
Ⓐ 我 想 借 两天 自行车 用用。

저는 이틀 간 자전거를 빌리려고 합니다.

니 야오 션머   양더   처
Ⓑ 你 要 什么 样的 车?

어떤 자전거를 원하세요?

자전거는 자전거 대여점(出租自行车 : 추주쯔싱처, LENT BIKE)에서 직접 빌리거나 호텔에 부탁해 빌릴 수 있는데, 자전거 대여점에서 빌릴 경우에는 여권 사본이나 국제 운전면허증, 학생증 등을 맡겨야 하고 일정 금액의 보증금을 먼저 지불해야 합니다. 중국에서는 자전거 도난 사건이 빈번하므로 보관료를 지불하더라도 반드시 관리인이 있는 보관소에 자물쇠를 채워 맡겨야 합니다.

기본 어휘

◢ 자전거	自行车	쯔싱처
◢ 신사용 자전거	男车	난처
◢ 숙녀용 자전거	女车	뉘처
◢ 저전거를 빌리다	出租自行车	추주쯔싱처

◉ 유용한 표현

추주 이티엔 야오 뚜오샤오치엔
◎ **出租 一天 要 多少钱?**

하루 빌리는 데 얼마입니까?

데이 지디엔 환 쯔씽처
◎ **得 几点 还 自行车?**

몇 시에 자전거를 반환해야 합니까?

빠오쿠오 이바이콰이 야찐 이꽁 이바이 얼스콰이
◎ **包括 一百块 押金,   一共 一百 二十块。**

보증금 100원을 포함하여 모두 120원입니다.

시엔 게이 워 이짱 니더 후쟈오 푸인번
◎ **先 给 我 一张 你的 护照 复印本。**

먼저 여권 복사본을 한 장 주세요.

칭 게이 처타이 다 다치 바
◎ **请 给 车胎 打 打气 吧。**

타이어에 공기를 넣어 주세요.

◪ 자전거를 반납하다	换车	환처
◪ 빌리는 비용	出租费	추주페이
◪ 타이어	车胎	처타이
◪ 기어	变速器	삐엔쑤치

●기본 표현

요우 미엔페이더 스네이 띠투 마
Ⓐ **有 免费的 市内 地图 吗?**

무료 시내지도 있습니까?

요우 짜이 쩌리
Ⓑ **有, 在 这里。**

예, 여기 있습니다.

어느 정도 규모 이상의 호텔에는 시내 · 근교의 관광지를 도는 1일 투어 코스를 마련해 놓고 있습니다. 프런트에 문의하면 코스와 가격을 알 수 있는데 자체 프로그램이 없는 호텔은 투어를 개설하고 있는 여행사를 소개해 주기도 합니다. 또 호텔이나 서점, 지하철역 등에서 손쉽게 교통 · 관광지도를 구입할 수 있습니다.

기본어휘

◪ 명승고적	名胜古迹	밍셩구찌
◪ 여행지	旅游点	뤼요우디엔
◪ 1일투어	一天游	이티엔요우
◪ 경극	京剧	찡쥐

◉ 유용한 표현

워 샹 칸 찡쥐
○ 我 想 看 京剧。

저는 경극이 보고싶어요.

워 야오 따오 ○○취
○ 我 要 到 ○○去。

저는 ○○에 가고 싶어요.

요우메이요우 이티엔 요우
○ 有没有 一天 游?

1일 투어가 있습니까?

요우 샹우 [샤우]더 조우요우루시엔 마
○ 有 上午[下午] 的 周游路线 吗?

오전[오후, 밤] 여행 코스가 있습니까?

요우란페이 스 뚜오샤오 치엔
○ 游览费 是 多少钱?

투어 비용은 얼마인가요?

◪ 박물관	博物馆	보우관
◪ 공원	公园	꽁위엔
◪ 공예품	工艺品	꽁이핀
◪ 이슈핀	艺术品	이슈핀

●기본 표현

넝 게이 워 쟈오 이장 샹 마
Ⓐ **能 给 我 照 一张 象 吗?**

사진을 한 장 찍어 주시겠어요?

커이　　니더 쟈오샹지 쩐머　용
Ⓑ **可以, 你的 照相机 怎么 用?**

좋습니다, 당신 카메라는 어떻게 씁니까?

 중국의 공중 화장실은 상당히 낙후되어 있었는데 근래에 대도시의 주요 관광지들을 중심으로 수세식인 유료 화장실이 많이 생겨났습니다. 이곳 화장실에서는 요금을 받고 화장지를 나누어 주기도 합니다.

기본 어휘

◪ 사진	照片	쟈오피엔
◪ 사진을 찍다	拍照片	파이 쟈오피엔
◪ 카메라	照相机	쟈오샹지
◪ 비디오 촬영	摄相	셔샹

◉ 유용한 표현

커이 셔샹 마
○ 可以 摄像 吗?

비디오 촬영을 해도 되나요?

이치 허잉 커이 마
○ 一起 合影 可以 吗?

같이 사진 찍지 않으실래요?

하오 샤오이샤오
○ 好, 笑一笑。

좋아요, 웃으세요.

꾸꿍더   먼퍄오 짜이 날 마이
○ 故宫的 门票 在 哪儿 卖?

고궁의 입장권은 어디에서 팝니까?

칭원   처쑤오 짜이 날
○ 请问, 厕所 在 哪儿?

말씀 좀 묻겠습니다. 화장실이 어디 있죠?

◪ 캠코더	摄相放像机	서샹팡샹지
◪ 화장실	厕所	처쑤오
◪ 가이드	导游	다오요우
◪ 통역	翻译	판이

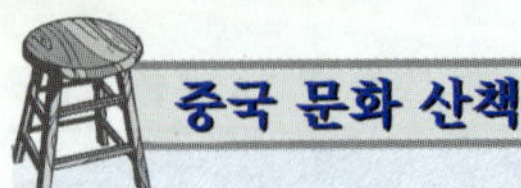

중국 최대의 상공업 도시 상하이(上海)

  장강(长江)하구에 위치한 중국 최대의 도시이며 중앙정부 직할시이다. 시가지는 장강 어귀의 남안, 황포강(黄浦江)이 장강에 합류하는 지점에 위치하고 있다.

  상하이는 송말(宋末)에 이미 무역항으로 널리 알려졌다. 1842년 아편전쟁(阿片战争)의 결과로 맺어진 난징조약(南京条约)에 의해 구미 제국과의 무역을 위한 개항장이 되자, 상공업도시로서 급속히 발전하여 중국 제1의 도시로 성장하였다.

  상하이는 방직·기계·조선·철강·전기기기·화학·인쇄 등의 공업이 다양하게 발달하였다. 본래 방직공업의 비중이 높았으나 근래에는 중화학공업과 IT산업이 크게 신장하고 있다. 상하이 국제공항은 국내선과 국제항로가 열려 있고, 황포강의 상하이항은 중국 최대의 무역항이자 세계적인 무역항이다.

  상하이는 중국의 주요 학술·문화의 중심지이기도 하여 복단대학(复旦大学)·화동사범대학(华东师范大学) 등 여러 대학과 상하이도서관, 상하이박물관 등이 있다. 공원은 인민공원(人民公园)·중산공원(中山公园) 등이 유명하고, 명소·고적으로는 정안사(静安寺)·용화사(龙华寺) 및 루쉰(鲁迅)의 묘 등이 있다.

  한편 상하이는 대한민국임시정부가 있던 곳으로, 윤봉길 의사 의거 유적지와 임시정부 청사가 보존되어 있다.

Part Ⅶ 일상생활의 장소

1. 우체국
2. 은행
3. 사진관
4. 미용실

1

워 야오 마이 이시에 요우퍄오

我 要 买 一些 邮票。

저는 우표를 좀 사려고 합니다.

2

워 샹 바 쩌 펑 씬 찌 따오 한궈

我 想 把 这 封 信 寄 到 韩国。

저는 이 편지를 한국으로 부치려고 합니다.

3

워 샹 용 핑요우 (콰이요우, 꽈하오) 찌 쩌 펑 씬

我 想 用 平邮 (快邮, 挂号) 寄 这 封 信。

저는 이 편지를 일반(빠른, 등기)우편으로 보내려고 합니다.

4

칭 환 스위엔더 즈차오 게이 워

请 换 十元的 纸钞 给 我。

10원짜리 지폐로 바꿔 주세요.

5

칭 바 쩌시에 즈차오 환청 링치엔

请 把 这些 纸钞 换成 零钱。

지폐를 잔돈으로 바꿔 주세요.

6 워 샹 메이위엔 환 런민삐
我 想 美元 换 人民币。
저는 달러를 인민폐로 바꾸려고 합니다.

7 워 샹 바 쩌 띠피엔 총씨 청 자오피엔
我 想 把 这 底片 冲洗 成 照片。
이 사진 원판을 현상해 주세요.

8 워 샹 팡따 쩌짱 자오피엔
我 想 放大 这张 照片。
저는 이 사진을 확대하고 싶습니다.

9 워 마이 이쥐엔 차이써[헤이바이] 쟈오쥐엔
我 买 一卷 彩色 [黑白] 胶卷。
컬러[흑백]필름 한 롤 주세요.

10 워 샹 지엔 두안
我 想 剪 短。
저는 짧게 자르려고 합니다.

11 워 야오 지엔청 쩌거 양즈
我 要 剪成 这个 样子。
이런 모양으로 잘라 주세요.

1. 우체국

게이 워 우짱　우마오더 요우퍄오　하오 마
Ⓐ 给 我 五张 五毛的 邮票，　好 吗?

5마오 우표 다섯 장 주시겠어요?

게이 니　량콰이치엔
Ⓑ 给 你。两块钱。

여기 있습니다. 2원입니다.

우표는 공항이나 호텔 매점, 우체국 등에서 구입할 수 있습니다. 편지는 호텔 프런트에 맡기거나 시중의 우체통에 넣으면 되지만 등기, 속달, 소포는 우체국의 창구로 가져가야 합니다.

기본어휘

◪ 우체국	邮局	요우쥐
◪ 편지를 부치다	寄信	찌씬
◪ 엽서	明信片	밍씬피엔
◪ 우표	邮票	요우퍄오

● 유용한 표현

찌 왕 한궈더 밍씬피엔 야오 뚜오샤오치엔
○ 寄 往 韩国的 明信片 要 多少钱?

한국으로 보내는 엽서는 얼마인가요?

워 야오 마이 이시에 요우퍄오
○ 我 要 买 一些 邮票。

저는 우표를 좀 사려고 합니다.

워 샹 바 쩌 펑 씬 찌 따오 쟈나다
○ 我 想 把 这 封 信 寄 到 加拿大。

저는 이 편지를 캐나다로 부치려고 합니다.

워 샹 용 핑요우 (콰이요우, 꽈하오) 찌 쩌 펑 씬
○ 我 想 用 平邮(快邮, 挂号) 寄 这 封 信。

저는 이 편지를 일반(빠른, 등기)우편으로 보내려고 합니다.

찌 따오 나리 야오 뚜오지우 너
○ 寄 到 那里 要 多久 呢。

그곳까지 얼마나 걸리나요?

◩ 주소	地址	띠즈
◩ 일반우편/빠른우편	平邮/快邮	핑요우/콰이요우
◩ 등기우편	挂号	꽈하오
◩ 소포	包裹	빠오궈

●기본 표현

쉬야오 션머 마
(A) **需要 什么 吗?**

뭐가 필요하시죠?

워 샹 바 즈퍄오 환청 시엔찐
(B) **我 想 把 支票 换成 现金。**

저는 수표를 현금으로 바꾸고 싶습니다.

환전은 공항 외에도 중국 관광국에서 지정한 호텔이나 상점, 중국은행, 중국은행 출장소 등에서 할 수 있습니다.

환전이 아닌 예금의 경우는 장기체류 외국인이라면 중국은행에서 예금계좌를 만들 수 있습니다. 예금이나 송금의 경우 한국의 은행들이 중국에 진출하고 있어 큰 어려움은 없습니다.

기본 어휘

■ 은행	银行	인항
■ ~을 ~로 바꾸다	把 ~ 换成	바 ~ 환청
■ 잔돈	零钱	링치엔
■ 환율	汇率	훼이뤼

유용한 표현

니 야오 환청 뚜오샤오치엔더 치엔삐
○ **你 要 换成 多少钱的 钱币?**

당신은 얼마짜리 돈으로 바꾸실건가요?

칭 환 스위엔더 즈차오 게이 워
○ **请 换 十元的 纸钞 给 我。**

10원짜리 지폐로 바꿔 주세요.

칭 바 쩌시에 즈차오 환청　링치엔
○ **请 把 这些 纸钞 换成 零钱。**

지폐를 잔돈으로 바꿔 주세요.

워 샹 한삐 환 메이위엔
○ **我 想 韩币 换 美元。**

저는 한국돈을 달러로 바꾸려고 합니다.

찐티엔더 훼이뤼 스 뚜오샤오
○ **今天的 汇率 是 多少?**

오늘 환율은 얼마인가요?

◨ 예금	**存款**	춘콴
◨ 예금주	**存款户**	춘콴후
◨ 잔고	**存额**	춘어
◨ 송금하다	**寄钱**	찌치엔

●기본 표현

위 샹 바 쩌 띠피엔 총씨 청 자오피엔
Ⓐ 我 想 把 这 底片 冲洗 成 照片。

이 사진 원판을 현상해 주세요.

칭 니 시에이샤 밍즈 허 띠즈
Ⓑ 请 你 写 一下 名字 和 地址。

이름과 주소를 써 주세요.

중국에는 코닥 · 아그파 · 후지 · 코니카 등 많은 외국 필름회
사들이 진출해 있어서 필름을 사고 인화하는 데 어려움은 없
습니다. 다만 관광지의 행상들이 파는 필름에 간혹 가짜나
너무 오래된 것이 섞여있기도 하니 필름은 되도록이면 사진
관에서 사는 것이 좋습니다.

기본 어휘

◪ 가지고 가다	来拿	라이나
◪ 확대하다	放大	팡따
◪ 현상하다	冲洗	총씨
◪ 더 현상하다	加洗	쟈씨

● 유용한 표현

션머스호우 커이 라이나 자오피엔
○ **什么时候 可以 来拿 照片?**

언제 사진을 가져갈 수 있나요?

이거 샤오스 즈네이 비엔 커이
○ **一个小时 之内 便 可以。**

1시간 이내에 찾으실 수 있습니다.

워 샹 팡따 쩌 짱 자오피엔
○ **我 想 放大 这 张 照片。**

저는 이 사진을 확대하고 싶습니다.

칭 니 빵 워 짜이 쟈씨 메이 이 장 자오피엔
○ **请 你 帮 我 再 加洗 每 一张 照片。**

사진마다 한 장씩 더 뽑아 주세요.

워 마이 이쥐엔 차이써 [헤이바이] 쟈오쥐엔
○ **我 买 一卷 彩色 [黑白] 胶卷。**

컬러[흑백]필름 한 롤 주세요.

◪ 컬러 필름	彩色胶卷	차이써 쟈오쥐엔
◪ 흑백 필름	黑白胶卷	헤이바이 쟈오쥐엔
◪ 전지	电池	띠엔츠
◪ 폴라로이드	拍立得	파이리더

●기본 표현

니　야오　지엔　셔머　양즈　너
Ⓐ **你 要 剪 什么 样子 呢?**
당신은 어떻게 머리를 하실 건가요?

워　샹　지엔두안
Ⓑ **我 想 剪短。**
짧게 잘라 주세요.

예전는 공원이나 공터에서 저렴한 가격으로 이발을 해주는 이발사가 있었지만 계속된 단속으로 거의 사라졌고 지금은 중국에도 현대적인 미용실이 많이 생겼습니다. 주의할 점은 이발관의 경우는 어떤 곳은 이발비와 머리 감는 비용을 따로 계산하여 지불하는 곳도 있으니 이발을 하기 전에 미리 금액을 자세히 물어보아야 합니다.

기 본 어 휘

◪ 미용실/이발관	**美容厅/理发店**	메이롱팅/리파디엔
◪ 자르다	**剪发**	지엔파
◪ 다듬다	**修一下**	시우이샤
◪ 파마하다	**烫发**	탕파

● 유용한 표현

○ 시우 이샤 지우 하오 러
修 一下 就 好 了。

다듬어 주시기만 하면 됩니다.

○ 워 야오 지엔청 쩌거 양즈
我 要 剪成 这个 样子。

이런 모양으로 잘라 주세요.

○ 워 야오 지엔두안
我 要 剪短。

짧게 잘라 주세요.

○ 워 야오 탕 토우파
我 要 烫 头发。

파마를 하고 싶습니다.

○ 워 야오 바 토우파 란청 쫑써
我 要 把 头发 染成 棕色。

머리를 갈색으로 염색해 주세요.

◨ 염색하다	染发	란파
◨ 머리를 감다	洗头发	씨토우파
◨ 세수 비누	香皂	샹자오
◨ 샴프	香波	샹뽀

중국의 전통극 - 경극(京劇)

경극은 해외에도 '베이징 오페라(Peking Opera)'로 알려진, 그 독특한 예술성으로 높은 평가를 받고 있는 중국의 전통 연극이다. 경극은 이름에서 알 수 있듯이 베이징(北京)에서 발전하였는데 노래·대사·동작·액션 등으로 구성되는 형식 연극으로, 노래가 중시되고 무용에 가까운 동작은 격렬하면서도 아름답다.

경극은 모두 1시간 내외의 짧은 연극으로 연출과 연기 모두 지극히 서사적인 표현 양식을 쓰고, 장치도 없이 상징적인 연기와 복장·분장의 특징으로 상황이나 행동을 나타낸다.

의상은 명(明)나라 때의 복장을 기초로 하며 색과 무늬에 따라 신분과 직업, 성격 등을 알 수 있다. 배역은 크게 생(生 : 주역), 단(旦 : 여자역), 정(淨 : 호걸), 축(丑 : 어릿광대), 말(末 : 단역)으로 나뉘고 각기 문무(文武)의 2계통 이외에 다시 세분화된다. 정과 축은 배우의 얼굴에 물감으로 선을 그리는데, 얼굴의 선을 그리는 형식은 정해져 있다.

현존하는 1,000여 종의 각본은 대부분 작자미상이다. 대개는 사전(史传) 소설과 전설에서 소재를 따거나 원곡(元曲)과 전기(传奇)를 개작한 것으로, 《수호전(水浒传)》, 〈삼국지연의(三国志演义)〉, 등의 부분 각색이 적지 않다. 대표작으로는 〈패왕별희(霸王别姬)〉, 〈손오공(孙悟空)〉, 〈백사전(白蛇传)〉, 〈장상화(将相和)〉 등이 있다.

Part VIII 질병과 사고

주요 표현 11

워 토우퉁 더 헌 리하이
1 我 头痛 得 很 厉害。
저는 두통이 매우 심합니다.

워 간마오 러
2 我 感冒 了。
저는 감기에 걸렸습니다.

워 션티 뿌 슈푸
3 我 身体 不 舒服。
저는 몸이 불편합니다.

워 파샤오
4 我 发烧。
저는 열이 납니다.

쩌리 헌 텅
5 这里 很 疼。
여기가 매우 아픕니다.

6 쇼우티빠오 띠우 러
手提包 丢 了。
백을 잃어버렸어요.

7 워 띠우 러 후자오
我 丢了 护照。
저는 여권을 잃어버렸어요.

8 이단 파시엔 마샹 게이 워 리엔씨
一旦 发现, 马上 给 我 联系。
발견하시면 바로 제게 연락 주세요.

9 쟈오 징차 [꽁안]바
叫 警察 [公安] 吧。
경찰[공안원]을 불러 주세요.

10 지우밍 아 / 라이런 아
救命 啊！/ 来人 啊！
사람 살려! 누구 좀 와 주세요.

11 칭 빵주 워
请 帮助 我。
도와주세요.

1. 약국

니 쉬야오 션머 마
Ⓐ 你 需要 什么 吗?

무언가 필요하신가요?

스더   워 토우통 더 헌 리하이
Ⓑ 是的, 我 头痛 得 很 厉害。

예, 저는 두통이 매우 심합니다.

감기, 설사, 두통 등 증상이 가벼울 때는 약국을 이용하면 됩니다. 중국에는 양약방과 한약방이 모두 있으니 상황에 맞게 찾아가 약을 구입하면 됩니다.

기본어휘

◪ 감기	感冒	간마오
◪ 아프다	痛/疼	통 / 텅
◪ 처방(전)	处方	추팡
◪ 알약	药丸	야오환

● 유용한 표현

니 토우통 뚜오지우 라
◎ **你 头痛 多久 啦?**

머리가 아픈 지 얼마나 되셨습니까?

따까이 요우 량거 샤오스
◎ **大概 有 两个 小时。**

대략 두 시간 되었습니다.

니 요우 간마오야오 마
◎ **你 有 感冒药 吗?**

감기약 있습니까?

워더 호우롱 헌 텅
◎ **我的 吼咙 很 疼。**

저는 목이 매우 아픕니다.

칭 니 자오 쩌펀 추팡 게이 워 페이야오
◎ **请 你 照 这份 处方 给 我 配药。**

이 처방(전)대로 약을 지어 주세요.

◪ 소화 불량	**消化不良**	샤오화뿌량
◪ 편두통	**偏头痛**	삐엔토우텅
◪ 유행성 감기	**流行性感冒**	리우씽씽 간마오
◪ 감기약	**感冒药**	간마오야오

137

●기본 표현

워 쟈오 리밍　　스디엔쫑　워 위 왕이셩 요우 위에
Ⓐ **我 叫 李明。十点钟, 我 与 王医生 有 约。**

저는 리밍입니다. 10시에 왕 선생님과 예약되어 있습니다.

리시엔셩　칭 쭈오 이샤　왕이셩　마샹 훼이 궈라이
Ⓑ **李先生, 请 坐 一下。王医生 马上 会 过来。**

이 선생님 앉으세요. 왕 선생님께서 곧 오실겁니다.

여행중 병이 났을 때에는 호텔 프런트에 문의하여 병원에 가도록 하며 몸의 아픈 상태에 따라 해당 과목의 의사를 찾아가야 합니다.

기본 어휘

◢ 진찰(받다/하다)	**看病**	칸삥
◢ 식중독	**食物中毒**	스우쫑두
◢ 고혈압	**高血压**	까오쉬에야
◢ 심장병	**心脏病**	씬짱삥

◉ 유용한 표현

워 싼디엔 위위에
◎ 我 三点 预约。

저는 3시에 예약했습니다.

워 라이 지엔 이성
◎ 我 来 见 医生。

의사 선생님을 뵈러 왔습니다.

칭 덩이샤 하오 마   이성 훼이 쟈오 니더 밍즈
◎ 请 等一下 好 吗? 医生 会 叫 你的 名字。

조금 기다리시겠어요? 의사 선생님께서 이름을 부르실 겁니다.

루궈 니 띠 이츠 라이 칭 시에이샤 쩌거
◎ 如果 你 第 一次 来, 请 写一下 这个。

만일 처음 오셨다면 이것을 적어 주세요.

◨ 위염	胃炎	웨이옌
◨ 기관지염	气管炎	치관옌
◨ 맹장염	盲肠炎	망창옌
◨ 설사	拉肚子	라뚜즈

●기본 표현

니　쩐머　러
Ⓐ 你 怎么 了?

왜 그러세요?

워　부따　스푸
Ⓑ 我 不大 舒服。

저는 몸이 좀 불편합니다.

병원에 가서는 자신의 병명을 알고 의사에게 말하는 것이 가장 좋지만 정확한 병명을 모를 때는 '~가 아파요.'라고 말하며 앞에 자신이 아픈 부위를 말하면 됩니다. 중국어로는 '[아픈 부위] 疼。(텅 : ~가 아파요.)'라고 합니다.

기 본 어 휘

◪ 위통	胃疼	웨이텅
◪ 열나다	发烧	파샤오
◪ 오한(이 나다)	发冷	파렁
◪ 손	手	쇼우

● 유용한 표현

워 웨이 텅
● 我 胃 疼。

저는 위가 아픕니다.

워 파샤오
● 我 发烧。

저는 열이 납니다.

워 요우디엔 파렁
● 我 有点 发冷。

저는 오한이 납니다.

워 시옹탕 간따오 먼먼더
● 我 胸膛 感到 闷闷的。

저는 가슴이 답답합니다.

쩌리　요우디얼 텅
● 这里 有点儿 疼。

여기가 조금 아픕니다.

◨ 발	腿	퉤이
◨ 가슴	胸腔/胸部	시옹창/시옹뿌
◨ 배	肚子	뚜즈
◨ 목	脖子	보즈

●기본 표현

쇼우티빠오 띠우 러
(A) **手提包 丢 了。**

백을 잃어버렸어요.

리비엔 또우 요우 션머
(B) **里边 都 有 什么?**

안에 무엇이 들었나요?

소지품을 분실했을 때에는 가까운 파출소(공안원)에 신고합니다. 직접 신고하기 어려울 경우 숙박하고 있는 호텔에 부탁하여 신고하면 됩니다.

여권을 분실했을 경우에는 반드시 한국 대사관에 알려 조치를 취해야 합니다.

기본 어휘

◪ 잃어버리다	丢了	띠우러
◪ 핸드백	手提包	쇼우티빠오
◪ 지갑	钱包	치엔빠오
◪ 현금	现金	시엔찐

유용한 표현

쇼우티빠오 하오하오 차 러 마
○ **手提包 好好 查 了 吗?**

가방을 잘 찾아보셨나요?

워 띠우 러 후자오
○ **我 丢 了 护照。**

저는 여권을 잃어버렸어요.

리비엔 요우 시엔찐 허 씬용카
○ **里边 有 现金 和 信用卡。**

안에는 현금과 신용카드가 들어 있어요.

이단 파시엔　　마샹 게이 워 리엔씨
○ **一旦 发现, 马上 给 我 联系。**

발견하시면 바로 제게 연락해 주세요.

워더 치엔빠오 부지엔 러
○ **我的 钱包 不见 了!**

저의 지갑이 보이지 않아요!

◪ 신용카드	信用卡	씬용카
◪ 도둑맞다	被偷	뻬이토우
◪ 소매치기, 도둑	小偷	샤오토우
◪ 연락(하다)	联系	리엔씨

●기본 표현

A 쩌리 헌 텅
这里 很 疼。
여기가 아주 아파요.

B 워 취 쟈오 지우후처
我 去 叫 救护车。
제가 구급차를 부르겠습니다.

 중국에서 사고가 났을 때에는 공안국(110)에 연락을 취하는 것이 좋으며 상황이 급박한 경우에는 응급구조(120)에 연락해 구급차를 불러야 합니다.

기본어휘

◪ 구급차	救护车	지우후처
◪ 경찰	警察	징차
◪ 공안원	公安员	꽁안위엔
◪ 돕다	帮助	빵주

● 유용한 표현

쉬야오 지지우
● 需要 急救。

응급처치가 필요합니다.

칭 안 진지 띠엔링
● 请 按 紧急 电铃。

비상벨을 울려 주세요.

쟈오 징치 [꽁안]바
● 叫 警察 [公安] 吧。

경찰[공안원]을 불러 주세요.

지우밍 아 / 라이런 아
● 救命 啊！/ 来人 啊！

사람 살려! / 누구 좀 와 주세요.

칭 빵주 워
● 请 帮助 我。

저를 도와 주세요.

◪ 교통사고	交通事故	쟈오통스꾸
◪ 차에 치이다	碰车	펑처
◪ 불이야!	着火了！	쟈오훠러
◪ 한국대사관	韩国大使馆	한궈따스관

중국의 의상

중국의 의상 중에서 한국인이 가장 잘 알고 있는 것이 중산장(中山裝)과 치파오이다.

중산장은 쑨원(孙文)으로 잘 알려진 손중산(孙中山)이 생활에 편리하도록 고안한 옷으로 중국인들이 애용하던 복장이다. 1930~1960 년대에는 사회주의 국가의 지도자들도 즐겨입었다. 현재는 대다수의 사람들이 기성복을 즐겨 입지만 노동자·농민들 중에는 아직도 중산복을 애용하는 사람이 많다.

치파오는 생김새가 원피스와 비슷하지만 아랫단에서 허벅지까지 양쪽에 트임이 있는 것이 원피스와 구별되는 점이다. 치파오는 길고 좁은 소매, 우리가 흔히 차이나 칼라라고 말하는 세운 깃, 앞 중앙 혹은 겨드랑이부터 깊숙이 포개어 여미는 트임, 특수한 끈단추 등이 특징이다.

치파오의 기원은 청대(清代)로 거슬러 올라간다. 청조는 지배를 강화하기 위해 두발이나 의복을 엄중히 만주식으로 단속하여 근대 200여 년 간은 전적으로 치파오를 입었다. 그런데 아이러니컬하게도 한족들에 의해 치파오가 대중화되었을 뿐 아니라 중국의 전통의상으로 자리매김하게 되었다.

현대에 와서는 편리한 양복의 도입으로 착용 범위가 많이 축소되었으나 각종 서비스 분야에 종사하는 사람들을 위주로 다시 치파오를 많이 입고 있으며 화려한 치파오를 입는 젊은 여성들도 조금씩 늘어나고 있다.

제 2 부

일상생활 회화

Part I 소개와 인사

1. 자기를 소개할 때
2. 타인을 소개할 때
3. 직업을 물을 때
4. 가족에 대해 물을 때
5. 안부를 물을 때
6. 오랜만에 만났을 때
7. 작별할 때
8. 안부를 전할 때

주요 표현 11

(1)
추츠　지엔미엔　워 쟈오 왕 룽
初次 见面。　我 叫 王龙。
처음 뵙겠습니다. 저는 왕롱이라고 합니다.

(2)
칭 원,　닌 꿰이씽?
请问，您 贵姓?
말씀 좀 여쭙겠습니다. 성함이 어떻게 되십니까?

(3)
워 스　한궈런
我是韩国人。
나는 한국인입니다.

(4)
런스　니　헌 까오싱.
认识 你 很 高兴。
당신을 알게 되어 기쁩니다.

(5)
니 하오 [하오 아]
你 好！[好啊！]
안녕하세요!

6
니 하오 마
你 好 吗?
안녕하셨어요?

7
워 헌 하오, 니 너
我 很 好, 你 呢?
저는 잘 지냈습니다. 당신은요?

8
자오 안 [우 안/완 안]
早 安 [午安/晚安] !
안녕하세요!(아침인사) [점심인사, 저녁인사]

9
짜이지엔 밍티엔지엔
再见。   明天见。
안녕. 내일 봐요.

10
니 쭈오 션머 꽁쭈오
你 做 什么 工作?
당신은 어떤 일을 하십니까?

11
워   스 따이푸
我 是 大夫。
저는 의사입니다.

● 기본 표현

추츠　지엔미엔　워　쟈오　왕　롱
Ⓐ **初次 见面。　我 叫 王龙。**
처음 뵙겠습니다. 저는 왕롱이라고 합니다.

니 하오　워 쟈오 짱 리　런스 니 헌 까오싱
Ⓑ **你 好。　我 叫 张力。　认识 你 很 高兴。**
안녕하세요. 저는 짱리입니다. 알게 되어 기쁩니다.

사람을 처음 만나서 나누는 대화는 한국이나 중국이 크게 다르지 않습니다. '처음 뵙겠습니다. 저는 ○○입니다.'라는 표현은 중국어로 '初次见面。我叫○○(추츠 지엔미엔 워 쟈오~)'인데 여기에서 '叫'는 '~라 부르다'의 의미입니다.

기본어휘

◪ 안녕하세요	你好	니하오
◪ 만나다	见面	지엔미엔
◪ 말씀 많이 들었습니다	久仰久仰	지우양 지우양
◪ 기쁘다	高兴	까오싱

●유용한 표현

지우양 지우양   워 쟈오 찐타이씨
◉ **久仰久仰。 我 叫 金太喜。**

말씀 많이 들었습니다. 저는 김태희라고 합니다.

워 스 한궈런
◉ **我是韩国人。**

나는 한국인입니다.

따쟈 또우 쟈오 워 샤오왕.
◉ **大家 都 叫 我 小王。**

모두 저를 샤오왕이라고 부릅니다.

칭 쟈오 워 왕 롱.
◉ **请 叫 我 王龙。**

왕롱이라고 불러주세요.

칭 원   니 꿰이씽
◉ **请问, 你 贵姓?**

말씀 좀 여쭙겠습니다. 성함이 어떻게 되십니까?

◩ 이름	名字	밍즈
◩ ~라 부르다	叫~	쟈오~
◩ 명함	名片	밍피엔
◩ 악수	握手	워쇼우

●기본 표현

Ⓐ
워 샹 지에샤오 리밍 게이 니
我 想 介绍 李明 给 你。
저는 리밍을 당신에게 소개하려고 합니다.

Ⓑ
지우양 지우양　리시엔성
久仰 久仰, 李先生。
말씀 많이 들었습니다. 이 선생님.

'말씀 많이 들었습니다.'의 의미인 '久仰久仰(지우양 지우양)'은 중국어의 옛 표현인데 현대에 와서도 격식을 차리며 말할 때에 자주 씁니다. 중국어의 문어체 표현은 구어체보다는 고적적이고 정중한 느낌을 주기 때문에 예의를 차려야 하는 자리에서 많이 쓰이고 있습니다.

기본어휘

소개하다	介绍	지에샤오
친구	朋友	펑요우
선배	前辈	치엔뻬이
후배	后辈	호우뻬이

● **유용한 표현**

○ 小金，这 位 是 王龙。
샤오찐　쩌 웨이 스 왕 룽

김 군, 이 분이 왕롱 씨입니다.

○ 认识 你 很 高兴。
런스 니 헌 까오싱

당신을 알게 되어 기쁩니다.

○ 你 认识 金太喜 吗?
니 런스 찐타이씨 마

당신은 김태희를 아십니까?

○ 我 认识 他。/ 我 不 认识 他。
워 런스 타 / 워 부 런스 타

저는 그를 압니다. / 저는 그를 모릅니다.

○ 这 是 王龙。王龙，这 是 朴哲民。
쩌 스 왕 룽 왕 룽 쩌 스 퍄오저민

이쪽은 왕롱이고, 왕롱, 이쪽은 박철민입니다.

동료	同事	퉁스
동창생	同学	퉁쉬에
남편	丈夫	짱푸
아내	妻子	치즈

155

●기본 표현

니 쭈오 션머 꽁쭈오
Ⓐ **你 做 什么 工作?**

당신은 어떤 일을 하십니까?

워 스 따이푸
Ⓑ **我 是 大夫。**

저는 의사입니다.

'工作(꽁쭈오 : 직업, 일)'는 우리말로 '토목 · 건축 · 제조 등에 관한 일이나 어떤 일을 위해 사전에 준비함'을 뜻하지만 중국어에서는 명사로 '일, 직업', 동사로는 '일하다'의 의미를 갖습니다. 직업이라는 의미의 단어는 이외에 '职业(즈예)'도 있습니다.

기본 어휘

◪ 일, 직업	**工作、职业**	꽁쭈오 / 즈예
◪ 공무원	**公务员**	꽁우위엔
◪ 변호사	**律师**	뤼스
◪ 신문기자	**新闻记者**	씬원찌저

● 유용한 표현

니 짜이 나리 꽁쭈오
● 你 在 哪里 工作?

당신은 어디에서 근무하세요?

니 짜이 나리 꽁쭈오 뚜오지우 러
● 你 在 那里 工作 多久 了?

당신은 거기에서 일한 지 얼마나 되었습니까?

워 시엔짜이 메이요우 꽁쭈오
● 我 现在 没有 工作。

저는 지금 직업이 없습니다.

니 짜이 나거 뿌먼 꽁쭈오
● 你 在 哪个 部门 工作?

당신은 어느 부서에서 일하십니까?

워 짜이 잉예뿌 꽁쭈오
● 我在营业部工作。

저는 지금 영업부에서 일합니다.

◩ 점원	店员	띠엔위엔
◩ 교사, 선생님	老师	라오스
◩ 의사	大夫	따이푸
◩ 화이트컬러	白领	바이링

●기본 표현

니 쟈 요우 지 코우 런
Ⓐ 你 家 有 几 口 人?

당신 가족은 몇 식구입니까?

워먼 쟈 요우 싼 코우 런 워 타이타이 이거 뉘얼 하이요우 워
Ⓑ 我们 家 有 三 口 人。我 太太, 一个 女儿 还有 我。

우리 집은 세 식구입니다. 제 처와 딸, 그리고 접니다.

가족을 표현하는 말에서 중국어와 우리말의 다른 점 중은 부르는 사람이 남동생이건 여동생이건 관계 없이 '형 · 오빠', '누나 · 언니'의 표현을 통일하여 부른다는 것입니다.

우리의 경우 남동생이 부를 때는 형과 누나로, 여동생일 경우는 오빠와 언니로 부르지만 중국에서는 무조건 '哥哥(꺼거 : 형, 오빠)', '姐姐(지에제 : 언니, 누나)'로 부릅니다.

기본어휘

◪ 아버지	爸爸	빠바
◪ 어머니	妈妈	마마
◪ 할아버지	爷爷	예예
◪ 할머니	奶奶	나이나이

● 유용한 표현

니 요우 시옹띠지에메이 마
○ **你 有 兄弟姐妹 吗?**

당신은 형제자매가 있나요?

워 요우 이거 꺼거 허 량거 메이메이
○ **我 有 一个 哥哥 和 两个 妹妹。**

저는 형 한 명과 누이동생 둘이 있습니다.

타 스 워   지에제 하오 퍄오량 바
○ **她 是 我的 姐姐, 好 漂亮 吧?**

그녀는 저의 누나[언니]입니다. 아주 이쁘지요?

니 요우 지거 하이즈
○ **你 有 几个 孩子?**

당신은 몇 명의 자녀가 있습니까?

칭 지에샤오 이샤 니더 쟈런
○ **请 介绍 一下 你的 家人。**

당신의 가족을 소개해 주세요.

◪ 형, 오빠	哥哥	꺼거
◪ 언니, 누나	姐姐	지에제
◪ 남동생	弟弟	띠디
◪ 여동생	妹妹	메이메이

●기본 표현

니 궈 더 쩐머양
Ⓐ 你 过 得 怎么样?

어떻게 지내셨어요?

워 헌 하오, 니 너
Ⓑ 我 很 好, 你 呢?

저는 잘 지냈습니다. 당신은요?

한국 사람들이 잘 알고 있는 중국어라면 '你好!(니하오)'
와 '你好吗?(니하오마)'를 들 수 있을 것입니다. '你好!'
는 우리 나라의 '안녕!'에 해당하는 인사말로 누구에게나 쓸
수 있는 가장 보편적인 인사말입니다.

이와 달리 '你好吗?'는 이미 알고 있는 사람에게만 쓸 수
있는 인사말인데 근황이 어떤가를 묻는 어감이 강합니다.

기본 어휘

◪ 아들	儿子	얼즈
◪ 딸	女儿	뉘얼
◪ 손자	孙子	쑨즈
◪ 손녀	孙女	쑨뉘

● 유용한 표현

니 하오 마
○ 你 好 吗?

안녕하셨어요?

팅 하오 더
○ 挺 好 的。

아주 잘 지냈습니다.

하이 커이
○ 还 可以。

그럭저럭이요.

니 하오 [하오 아]
○ 你 好![好 啊!]

안녕하세요!

자오 안 [우 안/완 안]
○ 早 安 [午安/晚安]!

안녕하세요!(아침인사) [점심인사, 저녁인사]

◪ 큰아버지	伯父	보푸
◪ 삼촌	叔叔	슈슈
◪ 이모	阿姨	아이
◪ 고모	姑妈	꾸마

기본 표현

리 밍, 하오지우 부지엔
(A) **李明, 好久不见！**
리밍, 오랜간만입니다.

왕롱,   워 뿌 넝 샹씬   니 삐엔러 이디엔
(B) **王龙? 我 不 能 相信！你 变了 一点！**
왕롱? 믿기지가 않는데! 너 조금 변했구나!

'好久不见(하오지우 부지엔)'은 '한참 동안 만나지 못했습니다.'라는 의미입니다. '好(하오)'는 '좋다, 훌륭하다'라고 해석하는 경우가 많지만 동사 앞에서는 본문에 쓰인 것처럼 '꽤, 상당히'의 의미로도 쓰입니다. 또 동사 뒤에서는 '~하기를 끝마쳤다'의 의미로 쓰이기도 합니다.

기 본 어 휘

오래간만입니다	好久不见	하오지우 부지엔
한참 동안	很久	헌지우
오랫동안	好久	하오지우
가족	家人	쟈런

● 유용한 표현

워 헌지우 메이 지엔따오 니　 니 궈 더 하오뿌하오
● **我 很久 没 见到 你。　 你 过 得 好不好?**

한참 동안 당신을 뵙지 못했습니다. 잘 지내셨나요?

워 하오지우 메이 지엔 니
● **我 好久 没 见 你。**

오랫동안 당신을 뵙지 못했습니다.

니 취 날 러
● **你 去 哪儿 了?**

당신은 어디 갔었습니까?

니 쟈런 또우 하오 마
● **你 家人 都 好 吗?**

당신 가족들은 모두 잘 계신가요?

타먼 또우 헌 하오
● **他们 都 很 好。**

그들 모두 잘 있습니다.

◪ 모두	都	또우
◪ 어떻게	怎么	쩐머
◪ 좋다	好	하오

●기본 표현

짜이지엔　밍티엔지엔
Ⓐ **再见。　明天见。**

안녕히가세요. 내일 봐요.

밍티엔지엔　만 조우
Ⓑ **明天见。　慢 走。**

내일 봅시다. 살펴 가세요.

'**再见。**'은 중국어의 가장 기본적인 헤어질 때의 인사말입니다. 단어를 직역하면 '다시 보자.'라는 의미이고 '**明天见**'과 같이 '**再**'의 자리에 미래의 어느 시기를 대입하여 말하면 그 시기에 다시 만나자는 인사말이 됩니다.

기본 어휘

◤ 안녕(헤어질 때)	**再见**	짜이지엔
◤ 내일 봐요	**明天见**	밍티엔지엔
◤ 모레 봐요	**后天见**	호우티엔지엔
◤ 나중에 봅시다	**一会儿见**	이훨 지엔

● 유용한 표현

짜이지엔 쭈 니 하오 윈
○ 再见。 祝 你 好 运！

안녕. 행운을 빌어요!

워 까이 조우 러
○ 我 该 走 了。

저는 가야 겠습니다.

씨엔짜이 워 까오츠 러
○ 现在 我 告辞 了。

지금 가겠습니다.

워먼 창 리엔 리엔씨
○ 我们 常 联 联系！

우리 자주 연락해요!

바오쫑
○ 保重！

몸 조심하세요!

◪ 살펴 가세요	慢走	만조우
◪ 나오지 마세요	请留步	칭리우뿌
◪ 몸 조심하세요	保重	바오쫑

● 기본 표현

샤츠 지엔따오 타 따이 워 시앙 타 원하오
Ⓐ 下次 见到 他， 代 我 向 他 问好。

다음에 그를 만나면 내 대신 안부 전해 주세요!

하오 워 훼이더
Ⓑ 好， 我 会的。

좋아요, 그럴게요.

안부를 묻다라는 표현은 '问好(원하오)'를 씁니다. 보통 그 자리에 없는 다른 사람에게 안부를 전할 때는 앞에 '替我(티 워 : 나를 대신해서)'나 '代我(따이워 : 나를 대신해서)'를 붙이고 가운데에 안부 묻기를 바라는 사람, 그리고 마지막으로 안부를 묻다라는 말 '问好'를 쓰면 됩니다.

기 본 어 휘

◪ 안부를 묻다	问候/问好	원호우 / 원하오
◪ 그 / 그녀	他/她	타 / 타
◪ 그들	他们	타먼
◪ 건강	健康	지엔캉

● 유용한 표현

타 하오뿌하오
○ **他 好不好?**

그는 어때요?

따이 워 원호우 타
○ **代 我 问候 他。**

저를 대신해서 그에게 안부를 전해 주세요.

껀 타 슈오 워 헌 샹니엔 타
○ **跟 他 说 我 很 想念 他。**

내가 그를 그리워한다고 그에게 전해 주세요.

따이 워 샹 니 자런 원하오
○ **代 我 向 你 家人 问好。**

당신 가족들에게 안부를 전해 주세요.

티 워 샹 니 마마 원하오
○ **替 我 向 你 妈妈 问 好。**

제 대신 당신 어머니께 안부 전해 주세요.

◢ 나	我	워
◢ ~씨, 선생	~先生	시엔셩
◢ 그리워하다	想念	샹니엔
◢ 대신하다	替/代	티 / 따이

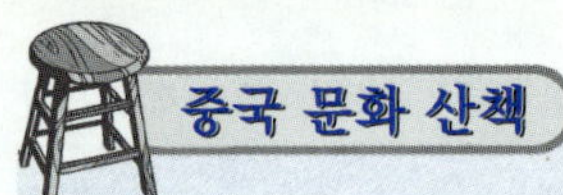

사교 장소에서의 감사 표현법

　사교 장소에서 다른 사람이 술을 따라주면 검지와 중지로 탁자를 두 번 두드리는 중국인을 흔히 볼 수 있다. 그뿐만 아니라 담배를 권하고 불을 붙여 준 사람에게도 가볍게 손등을 손가락으로 두 번 두드리는 것을 볼 수 있는데, 이런 행동들은 모두 약식으로 예의를 표하는 감사의 표현법이다. 이 행동의 유래는 청나라 건륭(乾隆) 황제로부터 시작되었다고 한다.

　어느 날 건륭 황제가 일반인의 차림으로 백성을 순시하고 궁으로 돌아오는 길에 날이 저물었다. 허기를 느끼던 차에 한 민가에 들러 접대를 받게 되었는데, 그 자리에서 황제의 잔을 받은 신하는 궁궐에서와 같은 방법으로 무릎을 꿇고 감사를 표할 수는 없었다. 그래서 두 손가락으로 탁자를 두 번 가볍게 두드리는 것으로 황제에게 감사를 표했다고 한다. 이런 감사 표현 방식은 중국 전역에 널리 퍼져 있지만 특히 남방 지역에 가면 많이 볼 수 있다. 이 약식 감사 표현법은 친구나 허물없는 사람 간에는 잘 사용하지 않는데 일반적으로 접대 장소에서나 약간 거리가 있는 타인에게 행하는 일종의 사교 예절인 것이다.

Part II   시간 · 날짜 · 날씨 · 숫자

1. 시간을 말할 때
2. 날짜를 말할 때
3. 요일을 말할 때
3. 날씨를 말할 때
4. 숫자를 말할 때

1 시엔짜이 지디엔 러
現在 几点 了?
지금 몇 시입니까?

2 시엔짜이 우디엔 스우펀
現在 五点 十五分。
5시 15분입니다.

3 찐티엔 지웨　지하오
今天 几月 几号?
오늘은 몇 월 며칠입니까?

4 찐티엔 리우웨 스하오
今天 六月 十号。
오늘은 6월 10일입니다.

5 찐티엔 씽치지
今天 星期几?
오늘은 무슨 요일입니까?

6)
찐티엔 씽치얼
今天 星期二。
오늘은 화요일입니다.

7)
니더　셩르　스 지웨　지하오
你的 生日 是 几月 几号?
당신의 생일은 몇 월 며칠입니까?

8)
와이미엔 티엔치 쩐머양
外面 天气 怎么样?
바깥의 날씨가 어떤가요?

9)
똥티엔 더 티엔치 쩐머양
冬天的 天气 怎么样?
겨울 날씨는 어떻습니까?

10)
티엔치 헌 렁　얼치에 샤쉬에
天气 很 冷, 而且 下雪。
날씨가 아주 춥고 게다가 눈까지 옵니다.

11)
티엔치 헌 먼러
天气 很 闷热。
날씨가 매우 무덥습니다.

●기본 표현

시엔짜이 지디엔 러
Ⓐ **现在 几点 了?**

지금 몇 시입니까?

시엔짜이 우디엔 스우펀
Ⓑ **现在 五点 十五 分。**

5시 15분입니다.

시간을 물을 때 시간은 시(時) 대신 '点(디엔 : 시)'을 쓰고
분과 초는 우리말과 같이 '分(펀 : 분)'과 '秒(먀오 : 초)'를
씁니다. 30분은 '三十分(싼스펀 : 30분)' 또는 '半(빤)'으로,
15분은 '十五分(스우펀 :15분)' 또는 '一刻(이커)'라고 하면
됩니다. '刻(커)'의 경우 45분을 '三刻(싼커)'라고 해도 되
나 '两刻(량커)'라는 말은 없습니다.

기본어휘

◪시	点	디엔
◪시간	时间	스지엔
◪몇 시	几点	지디엔
◪정각	整	정

● 유용한 표현

리우디엔 이커
○ **六 点 一刻。**

6시 15분입니다.

량디엔 스펀
○ **两点 十分。**

2시 10분입니다.

량디엔 스우펀
○ **两点 十五分。**

2시 15분입니다.

량디엔 빤
○ **两点 半。**

2시 반입니다.

량디엔 싼커
○ **两点 三刻。**

2시 45분입니다.

◢ 분	分	펀
◢ 반, 30분	半/三十分	빤/싼스펀
◢ 15분	一刻/十五分	이커/스우펀
◢ 몇 분	手表	쇼우뱌오

●기본 표현

찐티엔 지웨 지하오
A 今天 几月 几号?

오늘은 몇 월 며칠입니까?

찐티엔 리우웨 스하오
B 今天 六月 十号。

오늘은 6월 10일입니다.

중국어에서 월(月)의 표현 방식은 우리말과 같지만 날짜의 표현법은 조금 다릅니다. 날(日)의 표현은 구어체에서는 '号(하오 :일)'을 쓰고 문어체(서면어)에서는 '日(르 : 일)'을 씁니다. 하루, 이틀 할 때처럼 날짜의 수량을 세어야 하는 경우에는 '号'가 아닌 '天(티엔 : 일)'을 씁니다.

기본 어휘

◪ 날, 일	天/日子	티엔/르즈
◪ 오늘	今天	찐티엔
◪ 내일	明天	밍티엔
◪ 모레	后天	호우티엔

● 유용한 표현

밍티엔 스 지하오
○ **明天 是 几号?**

내일은 며칠입니까?

밍티엔 스 싼하오
○ **明天 是 三号。**

내일은 3일입니다.

찐티엔 스 션머 터비에더 르즈 마
○ **今天 是 什么 特别的 日子 吗?**

오늘이 무슨 특별한 날입니까?

니더 셩르 스 지웨 지하오
○ **你的 生日 是 几月 几号?**

당신의 생일은 몇 월 며칠입니까?

스이웨   얼스싼하오
○ **十一月 二十三号。**

11월 23일입니다.

◪ 어제	**昨天**	주오티엔
◪ 그저께	**前天**	치엔티엔
◪ 내년	**明年**	밍니엔
◪ 작년	**去年**	취니엔

●기본 표현

찐티엔 씽치지
Ⓐ 今天 星期几?

오늘은 무슨 요일입니까?

찐티엔 씽치얼
Ⓑ 今天 星期二。

오늘은 화요일입니다.

한 주일의 표현은 '요일(曜日)'이라는 말은 쓰지 않습니다. 또 '월, 화, 수, 목…'의 표현도 쓰지 않습니다. 대신 '星期(씽치 : 요일)'라는 단어와 숫자 1~6을 조합하여 요일을 표시하는데 일요일만은 숫자가 아닌 '天(티엔 : 일)' 혹은 '日(르 : 일)를 붙여 표현합니다.

요일의 표현은 '星期' 대신 '礼拜(리바이)'를 쓰기도 합니다.

기본어휘

◩ 월요일	星期一	씽치이
◩ 화요일	星期二	씽치얼
◩ 수요일	星期三	씽치싼
◩ 목요일	星期四	씽치쓰

유용한 표현

찐티엔 지위에 지하오 씽치지
○ 今天 几月 几号 星期几?

오늘은 몇 월 며칠, 무슨 요일입니까?

찐티엔 치위에 스하오 씽치얼
○ 今天 七月 十号 星期二。

오늘은 7월 10일 화요일입니다.

찐니엔 니더　셩르　스 씽치지
○ 今年 你的 生日 是 星期几?

올해 당신의 생일은 무슨 요일입니까?

찐니엔 워더　셩르　스 씽치티엔
○ 今年 我的 生日 是 星期天。

올해 저의 생일은 일요일입니다.

워 씽치리우 훼이궈
○ 我 星期六 回国。

저는 토요일에 귀국합니다.

◪ 금요일	星期五	씽치우
◪ 토요일	星期六	씽치리우
◪ 일요일	星期天	씽치티엔
◪ 무슨 요일	星期几	씽치지

●기본 표현

와이미엔 티엔치 쩐머양
Ⓐ **外面 天气 怎么样?**

바깥의 날씨가 어떤가요?

하이짜이 샤위
Ⓑ **还在 下雨。**

아직 비가 내립니다.

의문 대명사 '怎么(쩐머)'는 '어떻게, 왜, 어째서'의 의미를 나타내는데 주로 성질이나 상황, 방식, 원인 등을 물을 때 사용합니다.

황사현상의 발원지이기도 한 중국은 바람이 일상생활에 많은 영향을 끼치는데 이 때문에 일기예보에서 바람의 세기까지 함께 예보하고 있습니다.

기본어휘

◪ 날씨	天气	티엔치
◪ 일기예보	天气预报	티엔치위빠오
◪ 비가 오다	下雨	샤위
◪ 바람불다	刮风	과펑

● 유용한 표현

찐티엔 스 인티엔
◎ **今天 是 阴天。**

오늘은 흐린 날입니다.

똥티엔더 티엔치 쩐머양
◎ **冬天的 天气 怎么样?**

겨울 날씨는 어떻습니까?

티엔치 헌 렁   얼치에 샤쉬에
◎ **天气 很 冷， 而且 下雪。**

날씨가 아주 춥고 게다가 눈까지 옵니다.

티엔치 헌 먼러
◎ **天气 很 闷热。**

날씨가 매우 무덥습니다.

티엔치 위빠오 슈오 티엔치 훼이 칭랑
◎ **天气 豫报 说 天气 会 晴朗。**

일기예보에서 날씨가 갤 것이라고 합니다.

◧ 무덥다	闷热	먼러
◧ 날씨가 덥다	天热	티엔러
◧ 맑다	晴朗	칭랑
◧ 흐린 날	阴天	인티엔

0/영	○/零	링
1/하나	一	이
2/둘	二	얼
3/셋	三	싼
4/넷	四	쓰
5/다섯	五	우
6/여섯	六	리우
7/일곱	七	치
8/여덟	八	빠
9/아홉	九	지우
10/ 열	十	스
11	十一	스이
12	十二	스얼
20	二十	얼스
30	三十	싼스
40	四十	쓰스
50	五十	우스
60	六十	리우스
70	七十	치스
80	八十	빠스
90	九十	지우스
100	一百	이바이

◢ 200　　二百　　얼바이

◢ 300　　三百　　싼바이

◢ 400　　四百　　쓰바이

◢ 500　　五百　　우바이

◢ 600　　六百　　리우바이

◢ 700　　七百　　치바이

◢ 800　　八百　　빠바이

◢ 900　　九百　　지우바이

◢ 1000　　一千　　이치엔

◢ 10000　　一万　　이완

◢ 10100　　一万零一百　　이완링이바이

◢ 20000　　两万　　량완

◢ 수　　数　　슈

◢ 숫자　　数字　　슈쯔

중국어 숫자 읽기에서 주의할 점

❶ 숫자 가운데 0이 연이어 올 경우에는 0을 한 번만 읽는다.
　　㉑ 20074　两万零七十四　량완 링 치스쓰

❷ 끝이 0으로 끝나면 끝 단위를 생략할 수 있다. 단, 수 중간에
　　0이 있는 경우는 생략할 수 없다.
　　㉑ 1800　一千八(百)　이치엔 빠(바이)
　　　 3050　三千零五十　싼치엔 링 우스

만리장성(万里长城)

　만리장성은 마오쩌둥(毛泽东)이 "장성에 올라 보지 않으면 대장부가 아니다.(不到长城非好汉。)"라고 말했던, 중국인들에게 가장 사랑받는 중국의 상징이다. 북경의 북쪽으로 약 70㎞지점에 있다. 본래 명칭은 '장성(长城)'인데 동부 발해만 기슭의 '천하제일관(天下第一关)' 산해관(山海关)에서 시작하여 사막이 시작되는 서쪽의 '천하웅관(天下雄关)' 가욕관(嘉峪关)까지 험산 준령을 타고 1만 2,700여 리(약 6,350㎞)에 걸쳐 있어 '만리장성'이라는 애칭을 갖게 되었다.

　장성은 춘추 전국 시대인 기원 전 5세기 무렵부터 북방의 흉노족의 침입에 대비하여 만들었고, 진(秦)의 시황제(始皇帝)가 이를 연결하여 최초로 장성을 완성했다. 그 뒤로는 그리 중시받지 못하여 진(秦) 이후 각 나라들이 필요에 따라 조금씩 건축과 수리를 했고 명대(明代)에 이르러서야 몽고의 재침입을 막기 위해 장성을 본격적으로 확장, 강화했다. 명대 이전의 장성은 주로 흙을 굳혀 만들어서 성이라기보다는 흙벽에 가까우며 우리가 알고 있는 돌로 만든 성은 명대에 만든 것이 대부분이다.

　베이징에서 갈 수 있는 장성 유적지는 팔달령, 모전욕, 금산령 장성이 있는데 이중 팔달령이 가장 잘 알려져 있으며 가기도 쉽다.

(1)

하오 지 러 / 타이 빵 러 / 쩐 하오
好极了！/太棒了！/真好！

너무 좋아요!

(2)

타이 이한 러
太遗憾了。

너무 유감스럽습니다.

(3)

워 쩐더 성 샤오왕더 치
我真的生小王的气。

저는 정말 왕 군에게 화가 납니다.

(4)

워 쥐에더 뿌만이
我觉得不满意。

나는 만족스럽지 않습니다.

(5)

티엔 나
天啊！

하느님 맙소사!

6 니 잉가이 스 카이완샤오
你 应该 是 开玩笑！
당신 농담하는 거지요?

7 타이 간씨에 러
太 感谢 了。
정말 고마워요.

8 헌 간씨에 니
很 感谢 你。
정말 고마워요.

9 부용 시에 쩌 스 워 잉가이 쭈오더
不用 谢。这 是 我 应该 做的。
고마워할 것 없어요. 제가 당연히 할 일인데요.

10 헌 빠오치엔
很 抱歉。
정말 죄송합니다.

11 메이꾸안씨 라 메이 션머
没关系 啦。 没 什么。
괜찮아요, 아무것도 아닌데요.

1. 기쁠 때

Ⓐ
워 카오샹 러
我 考上 了!
저 시험에 합격했어요!

Ⓑ
타이 하오 러
太 好 了!
정말 잘 되었군요!

다른 사람의 좋은 일, 기쁜 일을 축하하는 말로 '恭喜(꽁씨 : 축하합니다)'와 '祝贺(쭈허 : 축하합니다)'가 있습니다. '祝贺'는 우리말과 그 쓰임이 거의 같습니다. '恭喜'는 무척 예의바른 표현으로 '恭喜恭喜(꽁씨 꽁씨)'처럼 연이어 사용하기도 하고 정초에는 '恭喜发财(꽁씨 파차이 : 돈 많이 버세요)'처럼 사용해서 새해 인사로도 씁니다.

기본어휘

기쁘다	高兴	까오싱
유쾌하다	愉快	위콰이
좋다	好	하오
행복하다	幸福	씽푸

●유용한 표현

타이 빵 러   쭈허   니
○ 太 棒 了！祝 贺 你。

정말 잘 되었군요! 축하해요.

랴오부치   워 헌 까오싱
○ 了不起！我 很 高 兴。

대단해요! 저는 매우 기뻐요.

하오 지 러 / 타이 빵 러 / 쩐 하오
○ 好 极 了！/太 棒 了！/真 好！

너무 좋아요!

워 페이창 까오싱 난 이 씽롱
○ 我 非常 高兴，难以 形容。

저는 아주 기뻐서 형용하기가 힘들어요.

쩌 쩐스 하오 샤오시
○ 这 真是 好 消息。

이것은 정말 좋은 소식이예요.

◪ 좋아하다	喜欢	씨환
◪ 만족하다	满意	만이
◪ 축하하다	恭喜恭喜	꽁시꽁시
◪ 축하하다	祝贺	쭈허

2. 좋지 않을 때

워 꺼거 스예 러
Ⓐ 我 哥哥 失业 了。

저의 형[오빠]이 실직했어요.

쩐 이한
Ⓑ 真 遗憾。

정말 유감이네요.

상황이 좋지 않아 애석함이나 안타까움, 아까움을 표시할 때는 '可惜(커씨)'라는 표현을 많이 씁니다.

싫은 것을 표현할 때는 '좋아하다'의 의미인 '喜欢(씨환)' 앞에 '不(뿌 : 아니다, …않다)'를 붙여 좋아하지 않다로 표현하는 것이 무난합니다.

기본어휘

◪ 슬프다	悲哀	뻬이아이
◪ 괴롭다	痛苦	통쿠
◪ 불쌍하다	可怜	커리엔
◪ 밉다	讨厌	타오옌

● 유용한 표현

스짜이 헌 커시
● **实在 很 可惜。**

정말 애석합니다.

타이 이한 러
● **太 遗憾 了。**

너무 유감스럽습니다.

워 난궈 더 샹 쿠
● **我 难过 得 想 哭。**

저는 울고 싶을 정도로 슬퍼요.

워 씬칭 헌 뿌 하오
● **我 心情 很 不 好。**

저는 마음이 정말 좋지 않아요.

워 씬칭 부타이 하오
● **我 心情 不太 好。**

저는 기분이 그리 좋지 않아요.

◣ 싫어하다	不喜欢	뿌씨환
◣ 유감이다	遗憾	이한
◣ 재미없다	没有意思	메이요우 이쓰
◣ 따분하다	没劲儿	메이절

● 기본 표현

니　하오샹 셩치　러　요우 션머 스 마
Ⓐ 你 好象 生气 了。有 什么 事 吗?

당신 화난 것 같은데 무슨 일이 있나요?

왕 롱 요우 츠따오 러　　타 쩐더 러 워 셩치
Ⓑ 王龙 又 迟到 了。他 真的 惹 我 生气。

왕롱이 또 늦었어요. 그는 정말 저를 화나게 합니다.

화가 났음을 말할 때 직접적인 표현으로는 '生气(셩치 : 화나다, 화내다)'가 있고 간접적인 표현으로는 '受不了(쇼우부랴오 : 참을 수 없다)', '忍不住(런부주 : 참을 수 없다)' 등이 있습니다.

'生气'는 '화난 사람+生+화난 대상+气'의 형식으로, 단어 중간에 화나게 한 대상을 넣어 표현할 수 있습니다.

기본 어휘

◪ 화내다	**生气**	셩치
◪ 참을 수 없다	**受不了 / 忍不住**	쇼우부랴오/런부쭈
◪ 흥분하다	**兴奋**	씽펀
◪ 짜증내다	**闹脾气**	나오피치

● 유용한 표현

니 하오샹 뛔이 모런 성치
◎ **你 好像 对 某人 生气。**

당신 누구에겐가 화가 난 것 같군요.

워더 린쮜 종스 랑 워 성치
◎ **我的 邻居 总是 让 我 生气。**

저의 이웃은 늘 저를 화나게 합니다.

워 쩐더 성 샤오왕더 치
◎ **我 真的 生 小王的 气。**

저는 정말 샤오왕에게 화가 납니다.

워 런부쭈 러
◎ **我 忍不住 了。**

저는 참을 수 없습니다.

워 짜이 예 쇼우부랴오 라
◎ **我 再 也 受不了 啦!**

저는 더이상 참을 수 없습니다.

◪ 원망하다　　　　埋怨/抱怨　　　만위엔/빠오위엔

◪ 분하다　　　　　气愤　　　　　치펀

◪ 두렵다　　　　　害怕　　　　　하이파

◪ 뭐 하는 겁니까?　你干什么?　　　니깐 션머

4. 실망스러울 때

Ⓐ
니 쮀에더 쪄 띠엔잉 쩐머양
你 觉得 这 电影 怎么样?
네 생각에 이 영화는 어떠니?

Ⓑ
워 하오 스왕
我 好 失望。
나는 아주 실망했어

실망을 나타내는 대표적인 단어는 '失望(스왕)'입니다. 실망했을 때는 '我好失望。(워 하오 스왕 : 나는 아주 실망했다.)'처럼 말하고 화자가 어떤 대상에 대해 실망한 것을 말하려면 '我＋对＋대상＋失望。'의 형식으로 표현하면 됩니다. (워 뛔이 니 스왕 : 나는 …에게 실망했다.)

기본 어휘

◪ 실망하다	失望	스왕
◪ 유치하다	幼稚	요우쯔
◪ 이상하다	奇怪	치과이
◪ 불만스럽다	不满意	뿌만이

●● 유용한 표현

하오 이한 어
○ **好 遗憾 哦。**

정말 유감스럽군요.

쩐 링런 스왕
○ **真 令人 失望。**

정말 실망스럽다.

워 쥐에더 뿌 만이
○ **我 觉得 不 满意。**

나는 만족스럽지 않습니다.

타이 커씨 러
○ **太 可惜 了。**

너무 애석합니다.

타 쩐더 링 워 간따오 스왕
○ **她 真的 令 我 感到 失望。**

그녀는 정말 나를 실망시켰어요.

◪ 애석하다	可惜	커씨
◪ 수준이 낮다	差劲	차진
◪ 불안하다	不安	뿌안
◪ 째째하다	小气	샤오치

5. 놀랐을 때

니 쯔다오 마　　청롱　예　짜이　쩌 판디엔 쭈쑤　너
Ⓐ 你 知道 吗? 成龙 也 在 这 饭店 住宿 呢。

당신 알아요? 성룡도 이 호텔에 묵고 있어요.

쩐더　마　　타이 치먀오 러
Ⓑ 真的 吗? 太 奇妙 了。

진짜예요? 너무 신기해요.

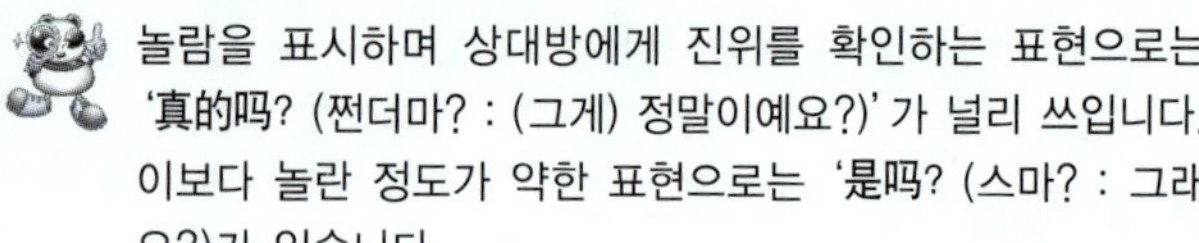

놀람을 표시하며 상대방에게 진위를 확인하는 표현으로는
'真的吗? (쩐더마? : (그게) 정말이예요?)'가 널리 쓰입니다.
이보다 놀란 정도가 약한 표현으로는 '是吗? (스마? : 그래
요?)가 있습니다.

기 본 어 휘

◢ 정말인가요?	真的吗	쩐더마
◢ 대단해요	了不起	랴오부치
◢ 굉장해요	真棒	쩐빵
◢ 감동하다	感动	간똥

● 유용한 표현

션머   워 뿌넝 샹씬

○ **什么? 我 不能 相信。**

뭐라구요? 저는 못 믿겠어요.

티엔 나

◎ **天 啊!**

하느님 맙소사

샤쓰런

◎ **吓死人!**

깜짝 놀랬어!

니 잉가이 스 카이완샤오

○ **你 应该 是 开玩笑!**

당신 농담하는 거지요?

니 슈오 쩐더 마

○ **你 说 真的 吗?**

당신 말이 진짜예요?

◪ 놀라다	吃惊	츠징
◪ 농담하다	开玩笑	카이 완샤오
◪ 신기하다	奇妙	치먀오
◪ 매우, 대단히	很/非常	헌/페이창

●기본 표현

야오부야오 워 빵 니 다쯔
Ⓐ 要不要 我 帮 你 打字?

내가 타자 치는 것을 도와줄까요?

타이 간씨에 러
Ⓑ 太 感谢 了。

정말 고마워요.

'谢谢'(씨에시에)는 '你好!(니하오 : 안녕하세요!)'와 함께 우리 나라 사람들이 가장 많이 알고 있는 중국어입니다. 뜻은 '고맙습니다.'라는 의미이며 '谢谢你。(씨에시에 니 : 당신께 감사합니다.)'처럼 뒤에 감사하는 대상을 붙여 쓰기도 합니다. 비슷한 표현으로는 '感谢(간씨에 : 감사하다)' 등이 있습니다.

기본 어휘

고맙습니다	谢谢	씨에시에
감사하다	感谢	간씨에
감격하다	感激	간지
도와주다	帮助	빵주

● 유용한 표현

헌 간씨에 니
○ 很 感谢 你。

정말 고마워요

씨에시에 니 워 하오 간지
○ 谢谢 你。我 好 感激。

고마워요. 저는 아주 감격했어요.

씨에시에 니더 빵망
○ 谢谢 你的 帮忙。

도와주셔서 고마워요.

씨에시에 니더 콴따이
○ 谢谢 你的 款待。

당신의 환대에 감사합니다.

워 쩐 뿌쯔다오 쩐머 간씨에 니
○ 我 真 不知道 怎么 感谢 你。

당신께 어떻게 감사해야 할지 모르겠어요.

◩ 환대하다	款待	콴따이
◩ 친절하다	热情	러칭
◩ 세심하다	周到	조우따오
◩ 호의	好意	하오이

●기본 표현

씨에시에 니　니 쩐 커치
Ⓐ **谢谢 你,　你 真 客气。**

고마워요, 당신은 정말 겸손하시네요.

부용　시에
Ⓑ **不用 谢。**

고마워할 것 없어요.

'哪里哪里。(나리 나리)'는 무슨 말입니까?, 아닙니다' 정도로 해석되는데 상대가 감사의 말을 했을 때, 혹은 칭찬의 말을 했을 때 겸손하게 상대의 말을 부정하는 말입니다. 우리의 언어 습관대로 의역하면 '천만에요.', '무슨 말씀이세요'의 뜻입니다.

기본 어휘

정말 고마워요	十分感谢你	스펀 간씨에 니
너무 고마워요	太谢谢了	타이 씨에시에러
당연히 할 일이다	应该做的	잉가이 쭈오더
겸손하다	客气	커치

유용한 표현

부커치
● 不客气。

사양하지 마세요.

워 헌   러이 샤오라오
● 我 很 乐意 效劳。

저는 아주 즐겁게 했습니다.

헌 까오싱 넝 빵 니
● 很 高兴 能 帮 你。

당신을 도울 수 있어 기뻐요.

나리나리
● 哪里哪里。

무슨 말씀이세요./아닙니다.

쩌 스 워 잉가이 쭈오더
● 这 是 我 应该 做的。

이것은 제가 당연히 할 일입니다.

겸손해 하지 마라	不客气	부커치
아닙니다	不谢	부시에
천만에요	没关系	메이꾸안씨
별 일 아닌데요	没事儿	메이셜

● 기본 표현

뚸이부치　워 라이 완 러　　워 추오궈 러 빠스
Ⓐ 对不起, 我 来 晚 了。 我 错过 了 巴士。

죄송합니다. 제가 늦었습니다. 버스를 놓쳤거든요.

부야오진　워 예 깡차이 따오
Ⓑ 不要紧。我 也 刚才 到。

괜찮아요. 저도 막 왔는걸요.

상대에게 사과할 때 쓰는 대표적인 표현은 '对不起(뚸이부치)'인데 이 표현은 우리 나라의 '죄송합니다.'와 마찬가지로 어느 상황에서든지 누구에게나 쓸 수 있는 사과 표현입니다. 비슷한 표현으로는 '抱歉(빠오치엔)'이 있습니다.

기본 어휘

◢ 미안합니다	对不起	뚸이부치
◢ 늦게 왔습니다	来晚了	라이완러
◢ 죄송합니다	抱歉	빠오치엔
◢ 실례하다	失礼	스리

유용한 표현

워 쩐 빠오치엔
◎ 我 真 抱歉。

정말 죄송합니다.

워 커 메이 화 슈오
◎ 我 可 没 话 说。

저는 할 말이 없습니다.

워 헌 뛔이부치 워 삥 뿌쯔다오 스 나양
◎ 我 很 对不起。我 并 不知道 是 那样。

정말 미안합니다. 제가 그것을 몰랐습니다.

헌 빠오치엔 워 왕지 러 워먼더 찌니엔르
◎ 很 抱歉, 我 忘记 了 我们的 记念日。

정말 미안해요. 제가 우리의 기념일을 잊었어요.

워 쩐 빠오치엔 워 뿌까이 뛔이 니 호우
◎ 我 真 抱歉, 我 不该 对 你 吼。

정말 미안해요, 내가 당신에게 소리치면 안 되는데.

미안하다	不好意思	뿌하오이쓰
잘못 처리하다	做错	쭈오추오
모르다	不知道	뿌쯔다오
잊다	忘记	왕지

●기본 표현

A 뛔이부치 주오완 메이 넝 다띠엔화 게이 니
对不起, 昨晚 没 能 打电话 给 你。

미안해요, 어제 전화를 못했어요.

B 메이꾸안씨 라 메이 션머
没关系 啦。 没 什么。

괜찮아요, 아무것도 아닌데요.

사과에 대한 대답으로는 '没关系(메이꾸안씨)'나 '没事儿(메이셜[스얼])'이라는 표현을 많이 씁니다. 이 말들을 직역하면 '상관 없어요.', '일 없어요.' 정도가 됩니다. 언뜻 보기에는 상당히 딱딱한 대답인 것 같지만 중국의 언어 습관에서는 직역의 의미 보다는 '괜찮아요.', '별 일 아닌데요 뭘.' 정도의 의미로 이해됩니다.

기 본 어 휘

◪ 상관 없어요	没关系	메이꾸안씨
◪ 괜찮아요	不要紧	부야오진
◪ 방법이 없다	没有办法	메이요우 빤파
◪ 이해하다	理解	리지에

● 유용한 표현

부야오진   부야오 팡 짜이 씬샹
● **不要紧。不要 放 在 心上。**

괜찮아요. 마음 속에 담아놓지 마세요.

뿌비   짜이이 메이 셜
● **不必 在意，没事儿。**

신경쓰지 말아요, 괜찮아요.

칭 비에 과이 쯔지
● **请 别 怪 自己。**

자신을 탓하지 마세요.

워먼 또우 난미엔 판추오
● **我们 都 难免 犯错。**

우리 모두 실수하잖아요.

왕 러 바
● **忘了 吧。**

잊어요.

◪ 별 일 아닙니다	没事儿	메이셜
◪ 걱정	担心	딴씬
◪ 걱정하지 마라	别担心	비에딴씬
◪ 힘내	加油	쟈요우

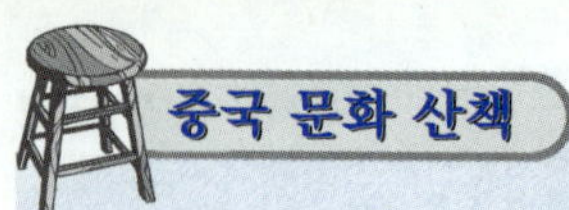

중국의 차(茶)

　중국의 차 종류는 수천 가지가 넘는다. 그러다 보니 차에 대한 명칭도 다양하다. 차의 이름은 차를 채취하는 시기나 방법, 색깔, 형태, 지명 등에 따라 제각기 다른데, 차의 맛이 토질과 기후의 영향에 따라 다르게 나타나기 때문에 차의 이름에 지명을 딴 것이 많다.

　차의 종류는 크게 여섯 가지로 나뉜다.

　녹차(绿茶)는 차 중에서도 역사가 가장 길며 생산량도 가장 많은데 용정차(龙井茶), 벽라춘차 등이 유명하다. 항저우(杭州)에 있는 롱징이라는 차밭이 산지인 용정차는 중국차 중에서도 으뜸으로, 청나라 건륭제 때에는 황실에서만 마실 수 있었다.

　홍차(红茶)는 중국 차 생산의 1/4을 차지하며, 수출의 1/2을 차지한다. 기(祁)홍차, 영(英)홍차 등이 유명하다.

　오룡차(乌龙茶)는 홍차처럼 향기가 짙고 녹차처럼 맛이 산뜻하다. 철관음(铁观音), 무이암영 등을 우등품으로 간주한다.

　백차(白茶)는 은빛 물색이 우아하고 맛은 담백하며 쓸개와 위에 좋다. 백차로는 은침백호(银针白毫)가 유명한데 이는 고산지대에서만 자라는 진귀한 차이다.

　화차(花茶)는 생화를 가지고 찻잎을 훈제한 것으로 북방 지역에서 즐겨 마신다. 유명한 것으로는 우리 나라에서 자스민차로 더 유명한 모리화차(茉莉花) 등이 있다.

　긴압차는 먼저 홍차나 화차를 만든 다음, 그것을 원료로 하여 다시 만든다. 보이(普耳), 육보(六堡)가 긴압차 중의 명품이다.

1
워　예스　나머　샹
我 也是 那么 想。
저도 그렇게 생각해요.

2
니　슈오더 메이추오
你 说的 没错。
당신 말이 맞아요.

3
부야오 카이완샤오 러
不要 开玩笑 了。
농담하지 말아요.

4
니　쮜에더　쩐머양
你 觉得 怎么样?
당신 생각은 어떠신가요?

5
뚜에이부치　워 메이 팅 칭추
对不起, 我 没 听 清楚。
미안해요, 제가 잘 알아듣지 못했습니다.

(6)
워　헌 아이 뤼씽
我 很 爱 旅行。
저는 여행을 매우 좋아합니다.

(7)
워 타오엔 타
我 讨厌 它。
나는 그것을 싫어해요.

(8)
워 비 뤼씽 겅 씨환 댜오위
我 比 旅行 更 喜欢 钓鱼。
저는 여행보다 낚시가 더 좋아요.

(9)
워 우쑤오웨이
我 无所谓。
저는 상관 없어요.

(10)
쩌 헌 롱이
这 很 容易。
이것은 매우 쉬워요.

(11)
워 쯔다오 러
我 知道 了。
알았습니다.

●기본 표현

타　스거　헌　차더　꺼싱
(A) **他 是个 很 差的 歌星。**

그는 정말 형편없는 가수예요.

워　예스　나머　샹
(B) **我 也是 那么 想。**

저도 그렇게 생각해요.

대화 중에 상대방의 의견에 동의하는 말은 많이 있지만 '是的。(스더 : 그렇다)', '对(뚜에이 : 맞다)'가 가장 많이 쓰이며 또 쉽게 쓸 수 있는 말입니다.

기본어휘

◪ 찬성하다	赞成	짠청
◪ 승낙하다	承认	청런
◪ 받아들이다	受	쇼우
◪ 믿다	相信	샹씬

유용한 표현

니 슈오더 메이추오
○ **你 说的 没错。**

당신 말이 맞아요.

스더
○ **是的。**

그래요.

지우스
○ **就是。**

바로 그래요.

커 부스
○ **可 不是。**

누가 아니래.

셰이 슈오 부스
○ **谁 说 不是。**

누가 아니래.

◪ 물론	当然	땅란
◪ 맞다	对	뛔이
◪ 확실하다	确实/的确	취에스/띠취에
◪ 동의하다	同意	통이

●기본 표현

잉원　스 하오 쉬에더 위엔
Ⓐ 英文 是 好 学的 语言。

영어는 정말 배우기 쉬운 언어야.

니 슈오 션머
Ⓑ 你 说 什么?

무슨소리야?

상대방의 의견에 동의하지 않을 때 쓰는 말중에 가장 쉬운 표현은 '不是。(부스 : 아니다)'입니다. '그렇다'의 의미인 '是'에 부정의 표시인 '不'를 붙여 말하면 됩니다.

기본 어휘

◢ 슬프다	悲哀	뻬이아이
◢ 괴롭다	痛苦	통쿠
◢ 불쌍하다	可怜	커리엔
◢ 밉다	讨厌	타오옌

● 유용한 표현

워 부따 칭추 니 슈오더 뛔이부뛔이
○ 我 不大 清楚 你 说得 对不对。

당신 말이 맞는지 잘 모르겠군요.

워 뿌 통이   니더 이지엔
○ 我 不 同意 你的 意见。

저는 당신의 의견에 동의하지 않아요.

니 슈오더 메이요우 따오리
○ 你 说得 没有 道理。

당신 말에는 일리가 없어요.

부야오 카이완샤오 러
○ 不要 开玩笑 了。

농담하지 말아요.

부스
○ 不是。

아닙니다.

◢ 일리가 없다	没有道理	메이요우 따오리
◢ 동의하지 않다	不同意	뿌통이
◢ 재미 없다	没有意思	메이요우 이쓰
◢ 따분하다	没劲儿	메이절

211

●기본 표현

니　쥐에더　신더　꽁쭈오　쩐머양
Ⓐ 你 觉得 新的 工作 怎么样?

당신의 새로운 직업은 어떻다고 생각해요?

헌　부추오
Ⓑ 很 不错。

아주 좋아요.

상대방의 의견을 물을 때는 주로 '你看怎么样? (니칸 쩐머양 : 당신 보시기에는 어때요?) 혹은 '你觉得怎么样? (니 쥐에더 쩐머양 : 당신 생각에는 어때요?)'라는 표현을 많이 씁니다.

기본어휘

◪ 생각하기에	觉得	쥐에더
◪ 어떤가요?	怎么样/如何	쩐머양/루허
◪ 생각, 의견	想法/看法	샹파/칸파
◪ ～라고 여기다	认为	런웨이

● 유용한 표현

니 뛔이 쩌거 요우 허 샹파
◎ **你 对 这个 有 何 想法?**

당신은 이것에 대해 어떤 생각을 가지고 계신가요?

니 쩐머 런웨이 너
◎ **你 怎么 认为 呢?**

당신은 어떻게 여기세요?

니더 이지엔 루허
◎ **你的 意见 如何?**

당신의 의견은 어떠신가요?

워 런웨이~
◎ **我 认为~**

저는 ~라고 여깁니다.

니 칸 쩐머양
◎ **你 看 怎么样?**

당신 보시기에는 어떠세요?

◪ 묻다	问	원
◪ 상의하다	商量	샹량
◪ 생각[고려]하다	考虑	카오뤼
◪ 의견	意见	이지엔

●기본 표현

커 뿌 커이 빵 워 디엔 이펀 싼밍쯔
Ⓐ 可不可以 帮 我 点 一份 三明治?

제 대신 샌드위치를 좀 주문해 주시겠어요?

뚸이부치 워 메이 팅 칭추
Ⓑ 对不起, 我 没 听 清楚。

미안해요, 제가 잘 알아듣지 못했습니다.

전화상이나 대화 중에 상대방의 이야기가 잘 들리지 않으면 '听不清楚。(팅 부 칭추 : 잘 듣지 못했습니다, 똑똑히 못들었습니다.)' 혹은 '没听清楚。(메이 팅 칭추)' 라고 말합니다. '잘 못들었습니다. 다시 한 번 말씀해 주세요' 라고 말하려면 뒤에 '再说一遍(짜이 슈오 이비엔)을 붙이면 됩니다.

기 본 어 휘

듣다	听	팅
듣고 이해하다	听懂	팅동
확실히 듣다	听清楚	팅칭추
확실히 못듣다	听不清楚	팅부칭추

🔘 유용한 표현

뛔이부치 워 메이 팅따오
◉ **对不起, 我 没 听到。**

미안합니다, 제가 잘 알아듣지 못했어요.

니 슈오 션머
◉ **你 说 什么?**

무슨 말씀이세요?

칭 니 짜이 슈오 이비엔
◉ **请 你 再 说 一遍。**

다시 한 번 말씀해 주시겠어요?

뛔이부치 칭 짜이 슈오 이츠
◉ **对不起, 请 再 说 一次。**

미안합니다. 다시 한 번 말씀해 주세요.

따셩 이디엔 하오 마
◉ **大声 一点, 好 吗?**

더 크게 말씀해 주시겠어요?

◪ 설명하다	**说明**	슈오밍
◪ 다시 말하다	**再说一遍**	짜이슈오 이비엔
◪ 좀 큰 소리로	**大声一点**	따셩이디엔
◪ 천천히	**慢慢地**	만만더

5. 좋아할 때

니　씨환　쭝궈차　마
Ⓐ **你 喜欢 中国菜 吗?**

당신은 중국 차를 좋아하시나요?

워　씨환
Ⓑ **我 喜欢。**

저는 좋아합니다

‘喜欢(씨환)’은 ‘좋아하다’의 의미로 무엇을 좋아하는지 묻거나, 혹은 좋아하는 것을 밝힐 때 씁니다. ‘你喜欢什么? (니 씨환 션머)’는 ‘당신은 무엇을 좋아하세요?’라는 질문입니다. 이 문장 뒤에 특정 동사나 명사를 붙이면 특정 분야의 어떤 것을 묻는 질문이 됩니다. ‘你喜欢看什么电影? (니 씨환 칸 션머 띠엔잉 : 어떤 영화 보기를 좋아하세요?)’

기 본 어 휘

◢ 좋아하다	喜欢	씨환
◢ 즐겨~하다	爱~	아이~
◢ 즐겨 먹다	爱吃	아이츠
◢ 즐겨 마시다	爱喝	이이허

● 유용한 표현

워 헌 아이 뤼씽
○ 我 很 爱 旅行。

저는 여행을 매우 좋아합니다

워 러아이 쥐에스웨
○ 我 热爱 爵士乐。

저는 재즈 음악을 매우 좋아합니다.

워 뛔이 댜오위 헌 러씬
○ 我 对 钓鱼 很 热心。

저는 낚시에 매우 열성적입니다.

워 헌 씨환 요우추안
○ 我 很 喜欢 游船。

저는 뱃놀이를 매우 좋아합니다.

쩡스 워 씬쫑 샹 야오더
○ 正是 我 心中 想要的。

바로 제가 마음 속으로 원했던 겁니다.

◪ 유행하다	流行	리우씽
◪ 원하다	要/愿意	야오/위엔이
◪ 열성적이다	热心	러씬
◪ 기대하다	期待	치따이

●기본 표현

니 런웨이 짱궈롱   쩐양
A 你 认为 张国荣 怎样?

너는 장국영을 어떻게 생각하니?

워 부스 헌 씨환   타
B 我 不是 很 喜欢 他。

나는 그를 아주 좋아하는 것은 아니야.

어떤 것을 좋아하지 않을 때, 혹은 싫어할 때는 '좋아하다'
의 의미인 '喜欢' 앞에 '不'를 붙여 '不喜欢(뿌씨환 : 좋아
하지 않다)'이라고 말하면 되고, 싫어하는 정도가 더 심할
때는 '讨厌(타오옌 : 싫어하다, 미워하다)'이라고 말합니다.

기 본 어 휘

◢ 싫어하다	嫌	시엔
◢ 좋아하지 않다	不喜欢	뿌씨환
◢ 미워하다	讨厌	타오옌
◢ 참을 수 없다	受不了	쇼우부랴오

● 유용한 표현

뛔이부치 워 뿌씨환 투뿌 뤼싱
○ **对不起, 我 不喜欢 徒步 旅行。**

미안해요, 나는 도보여행을 좋아하지 않아요.

워 쇼우부랴오 마오
○ **我 受不了 猫。**

나는 고양이를 싫어해요.

워 뿌씨환 나거
○ **我 不喜欢 那个。**

저는 그것을 좋아하지 않아요.

워 타오엔 쩌거
○ **我 讨厌 这个。**

나는 이것을 싫어해요.

오   워 쩐더 헌 커파
○ **哦, 我 真的 很 可怕。**

아, 나는 정말 아주 무서워요.

◪ 무섭다	可怕	커파
◪ 우습다	可笑	커샤오
◪ 쓸모없다	没有用	메이요우용

●기본 표현

니   씨환 홍써 링따이 하이스 란써 링따이
Ⓐ 你 喜欢 红色 领带 还是 蓝色 领带?

빨간색 넥타이를 좋아하세요, 남색 넥타이를 좋아하세요?

워 비쟈오 씨환   홍써더
Ⓑ 我 比较 喜欢 红色的。

저는 빨간색 넥타이가 좀 더 좋아요.

더 좋은 것을 말할 때는 '좋아하다'의 '喜欢' 앞에 '更(껑 : 더욱)'이나 '最(쮀에이 : 가장)'를 붙여 좋아하는 것을 강조하여 말합니다.

기 본 어 휘

◤ 아니면	还是	하이스
◤ 비교적	比较	부커치
◤ 가장 좋아하다	最喜欢	쮀에이 씨환
◤ 가장 좋다	最好	쮀에이 하오

유용한 표현

따이 짜이 쟈리 쭈에이 하오
◎ 待 在 家里 最 好。

집에서 기다리는 것이 제일 좋아요.

비 치 짜이 쟈리　워 껑 씨환 칸 띠엔잉
◎ 比 起 在 家里, 我 更 喜欢 看 电影。

집과 비교하자면 저는 영화 보는 것을 더 좋아해요.

워 비쟈오 씨환 홍써 링따이
◎ 我 比较 喜欢 红色 领带。

저는 빨간색 넥타이가 비교적 좋아요.

워 비 주치우 껑 씨환 빵치우
◎ 我 比 足球 更 喜欢 棒球。

저는 축구보다 야구가 더 좋아요.

워 비쟈오 씨환 쭈오 추주처
◎ 我 比较 喜欢 坐 出租车。

저는 택시타는 것을 비교적 좋아해요.

◪ 몹시, 대단히	非常/很	페이창/헌
◪ 더욱	更	껑
◪ 더 좋아하다	更喜欢	껑씨환
◪ 더 좋다	更好	껑하오

8. 상관 없을 때

ⓐ
니 씨환 칸 션머 띠엔잉
你 喜欢 看 什么 电影?

당신은 어떤 영화를 좋아하세요?

ⓑ
칸 션머 띠엔잉 또우 커이
看 什么 电影 都 可以。

어떤 영화를 보던지 다 괜찮아요.

'随便(쉐이비엔)'은 마음대로(자유로이) 하다'의 의미로 자신에게 아무런 의견이 없을 때, 혹은 아무렇게 해도 상관이 없을 경우에 사용합니다. 가령 식사 주문할 때 '随便吧。(쉐이비엔바)'라고 한다면 '아무거나 먹어도 상관 없다.'라는 의미가 되는 것입니다.

기본 어휘

◪ 괜찮다, 좋다	可以	커이
◪ 모두	都	또우
◪ 모두 좋다	都可以	또우 커이
◪ 그런대로 좋다	还可以	하이 커이

● 유용한 표현

씽　쒜이 니 비엔
行, 随 你 便。

괜찮아요, 당신 마음대로 하세요.

뛔이 워 메이 션머 차비에
对 我 没什么 差别。

나에게는 아무런 차이도 없어요.

워 메이꾸안씨
我 没关系。

저는 상관 없어요.

워　우쑤오웨이
我 无所谓。

저는 상관 없어요.

니 라이 쥐에띵 바
你 来 决定 吧。

당신이 결정하세요.

◪ 상관 없다	没关系	메이꾸안씨
◪ 상관 없다	无所谓	우쑤오웨이
◪ 모두 같다	都一样	또우 이양
◪ 마음대로 하다	随便	쒜이비엔

9. 능력을 말할 때

니 넝 시우리 쩌 량 치처 마
Ⓐ 你 能 修理 这 辆 汽车 吗?

당신은 이 차를 수리할 수 있나요?

스더　워 뛔이 시우처 헌 짜이항
Ⓑ 是的, 我 对 修车 很 在行。

네, 저는 차를 아주 잘 고칩니다.

어떤 일을 잘하는지 못하는지를 말할 때는 가능 보어 '得 (더)'를 이용하여 잘할 때는 '(잘하는 대상)+得好。(~더 하오)', 잘 못할 때는 '(못하는 대상)+得不好。(~더 뿌하오)'라고 말합니다.

기본어휘

능력	能力	넝리
문제 없다	没问题	메이 원티
쉽다	容易	롱이
할 줄 알다	会做	훼이쭈오

유용한 표현

스더   메이 원티
○ **是的，没 问题。**

네, 문제 없어요.

쩌 헌 롱이
○ **这 很 容易。**

이것은 매우 쉬워요.

워 헌 훼이 쭈오 나거
○ **我 很 会 做 那个。**

저는 그것을 매우 잘해요.

워 샤 샹치 샤더 하이 커이
○ **我 下 象旗 下得 还 可以。**

저는 장기를 그럭저럭 둡니다.

워 부훼이 다 까오얼푸치우
○ **我 不会 打 高尔夫球。**

저는 골프 칠 줄 모릅니다.

◪ 수준	水平	쉐이핑
◪ 어렵다	难	난
◪ 전문가	内行	네이항
◪ 문외한	外行	와이항

● 기본 표현

워먼　취 쟈오와이 또우펑　하오부하오
Ⓐ **我们 去 郊外 兜风, 好不好?**

우리 교외로 바람 쐬러 가는 게 어때요?

쩌　쭈이　부추오
Ⓑ **这 主意 不错。**

그거 좋은 생각이예요.

'吧(바)'는 문장의 끝에 쓰여 상의·제의·청구·명령·의문의 어기를 나타냅니다. 이 경우 외에도 '吧'는 다양한 의미를 갖는데 보통 불확실한 느낌이나 추측을 표현할 때 씁니다.

여기에서는 '~하자'는 의미로 무언가를 제안하는 용도로 쓰였습니다.

기본어휘

◤ ~합시다	~吧	~바
◤ ~할까요?	~好不好? /~ 好吗?	~하오부하오 /~하오마
◤ ~하는 게 어때요?~怎么样?		~쩐머양
◤ 좋아요	好	하오

● 유용한 표현

워먼 취 츠 완판 바
● **我们 去 吃 晚饭 吧。**

우리 저녁 먹으러 갑시다.

하오 주이 워먼 취 바
● **好 主意, 我们 去 吧。**

좋은 생각이예요, 우리 가요.

워먼 취 탸오우 하오부하오
● **我们 去 跳舞, 好不好?**

우리 춤추러 가는 게 어때요?

워먼 취 나리 허 이뻬이 지우 하오 마
● **我们 去 哪里 喝 一杯 酒, 好 吗?**

우리 어디 가서 술 한잔 하는 게 어때요?

하오 스 하오 커스 워 시엔짜이 데이 리카이
● **好 是 好。 可是 我 现在 得 离开。**

좋기는 좋아요. 하지만 저는 지금 가야 해요.

◤ 된다	**行 / 可以**	씽 / 커이
◤ 안 된다	**不行 / 不可以**	뿌씽 / 뿌커이
◤ 간다	**去**	취
◤ 안간다	**不去**	부취

●기본 표현

니 밍바이 러 마
Ⓐ 你 明白 了 吗?

이해했나요?

워 밍바이 러
Ⓑ 我 明白 了。

이해했습니다.

이해했는지 확인하는 말로는 '明白(밍바이 : 이해하다)', '知道(쯔다오 : 알다)', '懂(동 : 이해하다)' 등이 있습니다. 주의할 점은 상대가 질문한 표현으로 답해야 한다는 것입니다. 즉, 상대가 '明白'로 물었으면 '明白'나 '不明白(뿌밍바이 : 이해 못하다)'로 '知道'로 물으면 '知道'나 '不知道(뿌쯔따오 : 모르다)'로 대답하는 것이 좋습니다.

기본 어휘

◢ 알다	知道	쯔따오
◢ 모르다	不知道	뿌즈따오
◢ 이해하다	明白	밍바이
◢ 이해하지 못하다	不明白	뿌밍바이

●유용한 표현

니　넝 랴오지에 워 슈오더 화 마
○ **你 能 了解 我 说的 话 吗?**

당신은 제가 한 말을 이해할 수 있나요?

스더　　워 랴오지에 러
○ **是的, 我 了解 了。**

네, 저는 이해했습니다.

니　팅동　러　마
○ **你 听懂 了 吗?**

알아 들었습니까?

니　쯔따오 러　마
○ **你 知道 了 吗?**

알았습니까?

워　쯔따오 러
○ **我 知道 了。**

알았습니다.

◪ 정확하다	正确	쩡취에
◪ 확실하다	确实	취에스
◪ 알고싶다	想知道	샹쯔따오
◪ 확인하다	确认	취에런

12. 비교할 때

타 뚜오따 러
Ⓐ 她 多大 了?

그녀는 몇 살입니까?

타 비 워 샤오 량 쒜이
Ⓑ 她 比 我 小 两岁。

그녀는 나보다 두 살 어립니다.

비교는 '비교 주체+比(비 : 비교하다)+비교 대상+비교의 결과'의 구조로 표현합니다.

상대방의 나이를 물을 때 어른에게는 '您多大年纪了? (닌 뚜오따 니엔지 러)'라고 말하고, 나이가 같거나 조금 어린 사람에게는 '你多大了? (니 뚜오따 러)'라고 하며, 어린 아이에게 물을 때는 '你几岁了? (니 지 쒜이 러)'라고 합니다.

기본어휘

◪ ~보다	比	비
◪ 비교하다	比较	비쟈오
◪ 비슷하다	差不多	차부뚜오
◪ 같다	一样	이양

◉ 유용한 표현

쩌거 비 나거 하오츠
○ 这个 比 那个 好吃。

이것이 저것보다 맛있다.

쩌거 비 나거 하오칸
○ 这个 比 那个 好看。

이것이 저것보다 보기 좋다.

쭈오 처 취 비 쭈오 훠처 취 껑 피엔이
○ 坐 车 去 比 坐 火车 去 更 便宜。

차로 가는 것이 기차로 가는 것보다 쌉니다.

왕롱 비 리밍 까오
○ 王龙 比 李明 高。

왕롱은 리밍보다 큽니다.

워 주오완 비 핑창 자오 쉐이
○ 我 昨晚 比 平常 早 睡。

나는 어제 평소보다 일찍 잤다.

◪ 다르다	不一样	뿌이양
◪ 크다	大	따
◪ 작다	小	샤오
◪ 구분하다	区分	취펀

중국 8대 명주

중국에는 약 4,500종의 술이 있는데 마오타이주, 분주, 오량액, 죽엽청, 양하대곡, 노주특곡, 고정공주, 동주가 8대 명주로 인정받고 있다.

① 마오타이주(茅台酒) : 귀주성(贵州省) 마오타이촌에서 생산된다. 고량과 소맥을 주 원료로 7번의 증류와 3년 이상의 숙성을 거쳐 출고된다. 1915년 파나마 만국박람회에서 세계 3대 명주로 선정되었다.

② 분주(汾酒) : 산서성(山西省)에서 생산된다. 술빛이 맑고 빛나며 향이 맑다. 1500년의 역사를 가지고 있다.

③ 오량액(五粮液) : 고량, 소맥 등 15가지 곡물로 만들어 향기가 그윽하고 술맛이 순수하며 깨끗한 뒷맛이 일품이다.

④ 죽엽청(竹叶青) : 고량을 주 원료로 10여 가지의 천연 약재를 첨가하여 만든 술로 기를 충족시키고 혈액을 잘 순환시키는 작용을 한다.

⑤ 양하대곡(洋河大曲) : 강소성(江苏省)에서 생산된다. 달콤하고 부드러우며 연하고 맑고 깔끔한 향기 등 다섯 가지의 특색을 가지고 있다.

⑥ 노주특곡(泸酒特曲) : 사천성(四川省) 노주(泸酒)에서 생산된다. 향기가 농후하고 순수한 것이 특징이다.

⑦ 공정공주(古井贡酒) : 조조(曹操)가 고정(古井)의 물로 술을 만들어 황제에게 바쳤다고 해서 공정공주라 한다.

⑧ 동주(董酒) : 동주는 고량을 주 원료로 산천수를 사용하고 여기에 130여 종의 유명한 약재를 첨가하여 만든다.

Part V 일상의 기본 표현

주요 표현 11

(1)
做 得 不错 !

잘 했어요!

(2) 워 라이 빵 니
我 来 帮 你。

제가 도울게요.

(3) 씨에시에 니 쩐 러칭
谢谢， 你 真 热情。

고마워요. 정말 친절하시군요.

(4) 부용　워 커이 쯔지 빤
不用, 我 可以 自己 办。

아니오, 저 혼자 할 수 있어요.

(5) 워 커이 짜이 쩔　초우옌 마
我 可以 在 这儿 抽烟 吗?

제가 여기서 담배를 피워도 될까요?

6 빠오치엔 뿌커이
抱歉,　不可以。
미안하지만 안 됩니다.

7 야오부야오 라이 이뻬이 카페이
要不要 来 一杯 咖啡?
커피 한 잔 드시겠어요?

8 니　커이 빵 워 마
你 可以 帮 我 吗?
당신은 저를 도와 주실 수 있나요?

9 치엔완 부야오 똥
千万 不要 动!
절대 움직이지 말아요!

10 부야오 타이 딴씬
不要 太 担心。
너무 걱정하지 말아요.

11 타더　씽거　루허
她的 性格 如何?
그녀의 성격은 어때?

●기본 표현

니 빠오까오 더 헌 징차이 너
Ⓐ 你 报告 得 很 精彩 呢。
아주 훌륭한 보고였어요.

씨에시에 니
Ⓑ 谢谢 你。
고마워요.

상대를 칭찬할 때는 '不错(부추오 : 대단하다, 훌륭하다)'라
는 말을 많이 씁니다. '不错'는 단독으로 쓰여 '대단해요!'
라고 표현되기도 하고 '味道不错。(웨이따오 부추오 : 맛이
정말 훌륭해요.)'와 같이 어떤 칭찬할 대상과 같이 쓸 수도
있습니다.

기본 어휘

◩ 칭찬하다	称赞	청짠
◩ 귀엽다	可爱	커아이
◩ 영리하다	聪明	총밍
◩ 이쁘다	漂亮	퍄오량

유용한 표현

워 헌 씨환 니더 파씽
○ 我 很 喜欢 你的 发型。

저는 당신의 헤어스타일이 아주 좋아요.

하오 퍄오량더 이푸
○ 好 漂亮的 衣服！

아주 이쁜 옷이예요!

나량 처즈 헌 부추오
○ 那辆 车子 很 不错。

그 자동차는 아주 좋아요.

니 칸치라이 헌 하오칸
○ 你 看起来 很 好看。

당신은 아주 멋있어 보여요.

쭈오 더 부추오
○ 做 得 不错！

잘 했어요!

◢ 아름답다	美丽	메이리
◢ 멋지다	帅	슈아이
◢ 영준하다	英俊	잉쥔
◢ 대단하다	不错	부추오

2. 도움을 줄 때

워 라이 빵 니 티빠오
Ⓐ **我 来 帮 你 提 包。**

제가 당신의 가방을 들어 드릴게요.

아　씨에시에　샤오씬　헌　쫑　너
Ⓑ **啊, 谢谢。　小心, 很 重 呢。**

아, 고마워요. 조심하세요. 아주 무거워요.

'내가 당신을 돕겠다.'라는 표현은 '我来帮你。(워 라이 빵 니)'입니다. 도와 줄 구체적인 상황을 말하려면 '我来帮你提包。(워 라이 빵 니 티빠오 : 제가 당신의 가방을 들어 드릴게요.)'처럼 '我来帮你。' 뒤에 도와주려는 내용을 붙여 말하면 됩니다.

기본어휘

◪ 들다	提	티
◪ 보살피다	照顾	자오꾸
◪ ~에게 빌려주다	借给~	지에게이~
◪ ~에게 주다	送给~	쏭게이~

● 유용한 표현

야오부야오 워 빵 니 티 나시에 샹즈
○ 要不要 我 帮 你 提 那些 箱子?

제가 그 상자 나르는 것을 도와 드릴까요?

부용 러 워 커이 쯔지 라이
○ 不用 了。我 可以 自己 来。

아니예요. 제가 혼자 할 수 있어요.

쉬야오 빵망 마
○ 需要 帮忙 吗?

도움이 필요하세요?

워 라이 빵 니
○ 我 来 帮 你。

제가 도울게요.

워먼 이치 쭈오 바
○ 我们 一起 做 吧。

우리 함께 합시다.

◪ 돕다	帮忙	빵망
◪ 함께	一起	이치
◪ 진지하다	认真	런쩐
◪ ~하기를 원합니까	要不要	야오부야오

●기본 표현

야오부야오 워 빵 니 씨완
Ⓐ **要不要 我 帮 你 洗碗?**

제가 그릇 씻는 것을 도와드릴까요?

씨에시에 니 쩐 러칭
Ⓑ **谢谢, 你 真 热情。**

고마워요. 정말 친절하시군요.

상대에게 도움의 제의를 받았을 때 도움을 허락한다면 일반적인 감사의 표현인 '**谢谢**(씨에시에 : 고맙습니다.)'로 대답하면 됩니다.

거절하는 경우에는 '**不用**(부용 : 필요 없어요.)', '**不要**(부야오 : 괜찮아요.)' 등으로 대답하면 됩니다.

기본어휘

◪ 고맙습니다	**谢谢**	씨에시에
◪ 아니오	**不用**	부용
◪ 스스로	**自己**	쯔지
◪ 처리하다	**处理/办**	추리/빤

● 유용한 표현

니 쉬야오 워더 빵망 마
● 你 需要 我的 帮忙 吗?

저의 도움이 필요하신가요?

부용   워 커이 쯔지 추리
● 不用, 我 可以 自己 处理。

아니오, 저 혼자 할 수 있어요.

나   워 씨에시에 러
● 那, 我 谢谢 了。

그러면, 고맙습니다.

메이꾸안씨
● 没关系

상관 없습니다.

부용   팡씬   바
● 不用, 放心 吧 !

필요 없어요, 걱정하지 마세요!

◪ 다음에	下次	샤츠
◪ 모두	都	또우
◪ 이미	已经	이징
◪ (일을) 다 마쳤다	办好了	빤하올러

4. 허락을 구할 때

워 커이   짜이 쩔   초우엔 마
Ⓐ 我 可以 在 这儿 抽烟 吗?

제가 여기서 담배를 피워도 될까요?

오   우쭈오웨이   니 초우 바
Ⓑ 哦, 无所谓。 你 抽 吧。

아, 상관 없어요. 당신 뜻대로 하세요.

상대방에게 허락을 구하는 표현으로는 '可以吗? (커이+허락을 구하는 내용+마? : ~해도 됩니까?)'가 있습니다. 이 물음의 답변은 허락할 경우는 '可以(커이 : 됩니다.)', 허락하지 않을 경우는 '不可以(뿌커이 : 안됩니다.)'라고 하면 됩니다.

기 본 어 휘

◪ ~해도 됩니까?   ~可以吗?   ~커이마

◪ 상관 없습니다   无所谓   우쭈오웨이

◪ 마음대로 하세요 随意   쉐이이

◪ 됩니다   可以   커이

● 유용한 표현

워 커부커이   카이 놘치
◎ **我 可不可以 开 暖气?**

히터를 켜도 될까요?

워 커이 꾸안 콩탸오 마
◎ **我 可以 关 空调 吗?**

에어컨을 꺼도 될까요?

짜이 쩌리 커이 팅처 마
◎ **在 这里 可以 停车 吗?**

여기에 차를 세워도 됩니까?

니 쒜이이
◎ **你 随意。**

당신 마음대로 하세요.

뛔이부치 뿌씽
◎ **对不起, 不行。**

미안하지만 안 됩니다.

◪ 안 됩니다	**不可以**	뿌커이
◪ 당연하다	**当然**	땅란
◪ 부탁하다	**拜托**	바이투오
◪ 곤란하다	**困难**	쿤난

5. 초대와 권유

찐완　워먼 요우 완훼이　　니 넝 라이 마
Ⓐ 今晚 我们 有 晚会，　你 能 来 吗?
오늘 저녁에 파티가 있는데, 오실 수 있어요?

땅란　　워 헌 샹 취
Ⓑ 当然, 我 很 想 去。
물론이죠, 저는 매우 가고 싶어요.

초대를 받아 중국인 집을 방문할 때 선물 포장은 길하다는 것을 의미하는 붉은 색이나 숭고함을 나타내는 노란색을 사용하는 것이 좋습니다. 선물을 줄 때는 괘종시계(钟: 쫑)나 우산(伞: 싼), 배(梨: 리) 등은 가급적 피해야 하는데 이는 각각 종말(终: 쫑), 이별(散, 离: 싼, 리)을 나타내는 단어와 발음이 비슷하기 때문입니다.

기본어휘

◪ 초대하다	招待	자오따이
◪ 파티	晚会	완훼이
◪ 접대(하다)	接待	지에따이
◪ 마중	迎接	잉지에

◉ 유용한 표현

찐완 야오부야오 취 칸 씨쥐
○ 今晚 要不要 去 看 戏剧?

오늘 저녁에 연극 보러 가시겠어요?

찐티엔 워먼 취 워쟈 왈 바
○ 今天 我们 去 我家 玩儿 吧。

오늘 우리 집에 가서 놀아요.

취 싼뿌 루허
○ 去 散步 如何?

산보하러 갈까요?

씨에시에 니 부궈 워 시엔짜이 요우디얼 망
○ 谢谢 你, 不过 我 现在 有点儿 忙。

고맙습니다. 그런데 제가 지금 조금 바쁘네요.

나 타이 하오 러
○ 那 太 好 了。

그거 정말 좋군요.

◤ 방문하다	访问	팡원
◤ 영화	电影	띠엔잉
◤ 경극	京剧	찡쥐
◤ 스포츠	运动	윈똥

●기본 표현

쭈오 이샤 바　　니 야오 허 이뻬이 카페이 마
Ⓐ **坐 一下 吧！你 要 喝 一杯 咖啡 吗?**

앉아요! 커피 한 잔 드시겠어요?

하오더　마판 니
Ⓑ **好的，麻烦 你。**

좋습니다. 번거롭게 해 드리네요.

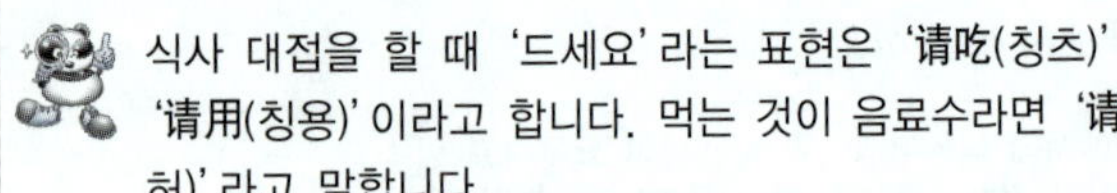

식사 대접을 할 때 '드세요' 라는 표현은 '请吃(칭츠)' 혹은 '请用(칭용)' 이라고 합니다. 먹는 것이 음료수라면 '请喝(칭허)' 라고 말합니다.

일반적으로 정중히 무언가를 권하거나 물을 때는 앞에 '请' 을 붙여 말합니다.

기 본 어 휘

◤ 들어오세요	请进	칭찐
◤ 앉으세요	请坐	칭쭈오
◤ 차 드세요	请喝茶	칭허차
◤ 집	家	쟈

유용한 표현

닌 비에 커치
您 别 客气！

사양하지 마세요!

워 라이 빵 니 과 따이
我 来 帮 你 挂 大衣。

제가 외투를 걸어 드릴게요.

야오부야오 츠 싼밍쯔
要不要 吃 三明治？

샌드위치 드시겠어요?

쩔 요우 삥깐 칭 뚜오 용
这儿 有 饼干。请 多 用。

여기 과자가 있습니다. 많이 드세요.

니 씨환 허 카페이 하이스 허 차
你 喜欢 喝 咖啡 还是 喝 茶？

커피를 좋아하세요, 차를 좋아하세요?

쇼파	沙发	샤파
거실	客厅	커팅
화장실	卫生间	웨이셩지엔
간식	点心	디엔씬

●기본 표현

칭 쭈이　　띠반　헌　꽈
Ⓐ 请 注意! 地板 很 滑!

조심해요. 바닥이 매우 미끄러워요!

씨에시에 니더 티씽
Ⓑ 谢谢 你的 提醒。

주의를 줘서 고마워요.

'조심해!' 라는 말은 '小心(샤오씬)'을 씁니다. 무언가 주의를 줄 내용이 있다면 '小心' 뒤에 붙여 말하면 됩니다. '걱정하지 마.' 라는 말은 '放心(팡씬)' 이라고 말합니다.

기 본 어 휘

◪ 조심하세요	请主义	칭주이
◪ 조심하세요	小心	샤오씬
◪ 감기 조심하세요	小心感冒	샤오씬 간마오
◪ ～하지 마세요	别不要	비에/부야오

유용한 표현

땅씬   / 샤오씬
○ 当心！/ 小心！

조심해요!

치엔완 부야오 똥
○ 千万 不要 动！

절대 움직이지 말아요!

칭   니 카오비얼
○ 请 你 靠边儿。

길에서 비켜서요.

부야오 타이 카오진 러
○ 不要 太 靠近 了。

너무 붙지 말아요.

칭 쭈이   안취엔
○ 请 注意 安全。

안전에 주의하세요.

촬영하지 마시오	请勿拍照	칭우파이쟈오
흡연금지	禁止吸烟	찐즈씨엔
차량통행금지	禁止车辆通行	찐즈 처량통씽
주차금지	禁止停车	찐즈 팅처

8. 위로할 때

Ⓐ 쩌츠　쟈자오 카오스　워 요우 메이 카오샹
这次 驾照 考试, 我 又 没 考上。
이번 운전면허시험에 또 떨어졌어요.

Ⓑ 쟈요우　샤츠 이딩　훼이 카오샹더
加油！下次 一定 会 考上的。
힘내요! 다음에는 반드시 붙을 거예요.

'加油！(찌아요우)'는 직역하면 '기름을 넣다'입니다. 기계에 기름을 넣거나 불에 기름을 부으면 기계는 더 힘을 내게 되고 불은 더 힘차게 타오를 것입니다. 이런 의미 때문에 '加油！'는 상대를 격려하고 독려하는 말로 널리 쓰이고 있으며 운동경기에서 응원구호로도 쓰이고 있습니다. 참고로 중국의 주유소는 '加油站(찌아요우짠)'이라고 합니다.

기본 어휘

◢ 위로하다	慰劳	웨이라오
◢ 힘내요	加油	지아요우
◢ 걱정하다	担心	딴씬
◢ 안심하다	放心	팡씬

유용한 표현

부야오 타이 딴씬
○ 不要 太 担心。

너무 걱정하지 말아요.

왕 하오 팡미엔 샹샹
○ 往 好 方面 想想。

좋은 쪽으로 생각해요.

라이 라이 팡 칭쏭시에
○ 来, 来。 放 轻松些。

자자, 진정해요.

워 샹씬 이치에 또우 훼이 삐엔 하오더
○ 我 相信 一切 都 会 变 好的。

저는 모든 것이 잘 될 거라고 믿어요.

부야오 타이 진짱   메이꾸안씨더
○ 不要 太 紧张。 没关系的。

너무 긴장하지 말아요. 별 일 아니예요.

◪ 믿다	相信	샹씬
◪ 긴장하지 말아라	不要紧张	부야오 진짱
◪ 잊다	忘	왕
◪ 성공하다	成功	청꽁

●기본 표현

니 메이메이 장더 쩐머양
ⓐ 你 妹妹 长得 怎么样?

당신의 여동생은 어떻게 생겼나요.

헌 퍄오량   타 요우 헌 창더 헤이써 즈파
ⓑ 很 漂亮, 她 有 很 长的 黑色 直发。

아주 예뻐요, 긴 검은 생머리입니다.

여자에게 예쁘다고 말할 때는 '很漂亮(헌 퍄오량 : 아주 예쁘다)' 이라고 말하고 남자에게 멋지다고 말할 때는 '很帅(헌 슈아이 : 아주 멋지다)' 이라고 말합니다. 남녀 공통으로 잘생겼을 때는 '好看(하오칸)', 못생겼을 때는 '难看(난칸)' 이라고 해도 됩니다.

기본어휘

◪ 성실하다	诚实	청스
◪ 키가 크다	个子高	꺼즈 까오
◪ 키가 작다	个子矮	꺼즈 아이
◪ 뚱뚱하다	胖	팡

● 유용한 표현

타더 씽거 쩐머양
○ **她的 性格 怎么样?**

그녀의 성격은 어때요?

타 스펀 와이샹
○ **她 十分 外向。**

그녀는 대단히 외향적입니다.

타 비 워 까오 이디엔
○ **他 比 我 高 一点。**

그는 나보다 조금 커요.

타 요우시에 팡
○ **他 有些 胖。**

그는 조금 뚱뚱해요.

따쟈 또우 슈오 타 헌 러칭
○ **大家 都 说 他 很 热情。**

사람들 모두 그가 매우 친절하다고 말합니다.

◪ 말랐다	瘦	쇼우
◪ 외향적이다	外向	와이샹
◪ 명랑하다	开朗	카이랑
◪ 내성적이다	内向	네이샹

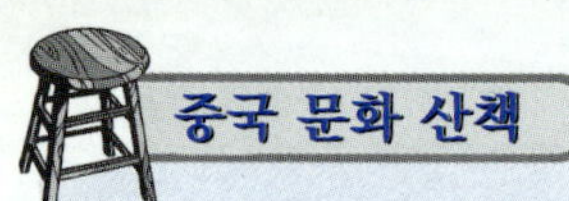

고궁과 천안문

　고궁박물원(故宮博物院)은 자금성(紫禁城)이라고도 불리는, 가장 완벽하게 보존된 중국 최대의 고건축물이자 세계 최대의 박물관으로 북경시의 중심에 위치해 있다. 명(明)·청(清) 양 대의 황궁으로 명의 영락제(英乐帝)가 1406년부터 1420년까지 14년간에 걸쳐 지었으며 1949년 중국 공산당 정부 수립 후 일반에 공개되었다.

　현재 그림·도자기·공예품 등을 전시하는 전시실로 이용되고 있는데 건물은 대체로 청나라 때 모습을 그대로 간직하고 있다. 72만㎡의 부지의 고궁은 크게 외조(外朝)와 내정(内庭)으로 구분된다. 남문인 오문(午门)에서 보화전(保和殿)까지의 외조는 황제가 집무를 하던 곳이고 보화전 북쪽의 건청궁(干清宫)을 비롯한 내정은 황제와 그 가족들이 거주하던 곳이다.

　왕궁의 정문인 천안문은 명나라 초기에 창건되었다. 처음에는 승천문(承天门)이라고 하였으나 1651년에 개축할 때 천안문으로 개명하였다. 국가적 행사때에는 반드시 이 문이 사용되고 있으며, 마오쩌둥(毛泽东)은 그 문루에서 1949년 10월 1일 중국 공산당 정부 수립을 선언하였다. 문 앞의 천안문 광장은 40만 명을 수용할 수 있는데 1919년의 5·4운동 이래 중국인들의 시위 집회에 많이 이용되었으며 천안문 사태도 이곳에서 일어났다. 해마다 노동절과 국경절(国庆节)에는 퍼레이드가 벌어지며, 천안문 문루는 그 사열대가 된다.

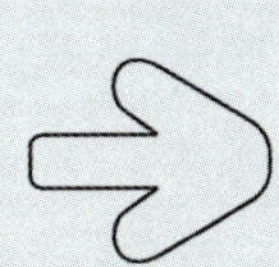

여행노트

여행자 메모

성명(Name)	생년월일(Date of Birth)
국적(Nationality)	직업 및 직장명(Occupation) Tel.
현주소(Home Address) Tel.	
중국 연락처(Address in C.) Hotel Tel.	
여권 번호(Passport No.)	
비자 번호(Visa No.)	
항공권 번호(Air Ticket No.)	
여행자수표 번호(Traveler's Check No.)	
크레디트카드 번호(Credit Card No.)	
항공기편명(Flight Name)	
출발지(Departed from)/목적지(Destination)	

여행 노트

여행노트

여행노트

여행 노트

여행노트

여행노트

여행 노트

즉석 활용!
지름길 여행 중국어

초판 1쇄 발행 2004년　5월 10일
2쇄 발행 2004년 12월 10일

엮은이　편집부
발행인　박해성
발행처　정진출판사

등록일자　1989. 12. 20.　등록번호　6-95
주소　서울시 성북구 석관2동 341-48호
대표전화　02)969-8561
팩스　02)969-8592
ISBN　89-5700-015-1
홈페이지　www.jeongjinpub.co.kr

정가 6,000 원

해외 어느 곳에서도 통한다!
즉석 활용! 지름길 여행 회화 시리즈

지름길 여행 중국어, 일본어, 영어는 해외여행을 떠나기 전 짧은 시간 안에 생활회화를 익힐 수 있도록 만든 기초 회화집으로, 여행 중 발생할 수 있는 여러 상황에 대비하여 그때그때 필요한 회화와 단어를 우리말 토와 함께 정선·수록함으로써 즉석에서 활용할 수 있도록 하였습니다.

●편집부 編 / 국반판 272면 / 각 권 정가 6,000원